Friedhold Vogel · Geliebt . . . errettet . . . bevollmächtigt

FRIEDHOLD VOGEL

Geliebt . . . errettet . . . bevollmächtigt

Ein Programm für Ihr Leben

CHRISTLICHES VERLAGSHAUS GMBH
STUTTGART

ABCteam

Bücher, die dieses Zeichen tragen, wollen die Botschaft von Jesus Christus in unserer Zeit glaubhaft bezeugen.

ABCteam-Bücher erscheinen in folgenden Verlagen:

Aussaat- und Schriftenmissions-Verlag Neukirchen
R. Brockhaus Verlag Wuppertal / Brunnen Verlag Gießen
Christliches Verlagshaus Stuttgart / Oncken Verlag Wuppertal

Umschlagfoto: Reinhard Brändle, Rundfunkmission
Gesamtherstellung: Druckhaus West GmbH, Stuttgart
ISBN 3-7675-2364-7

Inhalt

»Simon, Sohn des Johannes, hast du mich lieb? Er spricht zu ihm: Ja, Herr, du weißt, daß ich dich lieb habe. Spricht Jesus zu ihm: Weide meine Schafe!« *(Johannes 21, 16)*

Zuerst die Frage nach der Liebe

Ich hatte freudig »ja« gesagt, als mich ein gläubiger Professor zu einer Diskussion über den christlichen Glauben in die Uni einlud. Beim Anblick der Studenten, die lässig und provozierend auf den Stühlen hingen, wurde ich dann doch unsicher. Ihre Gesichter sprachen Bände. Man sah, daß es ihnen mehr um Diskussion als um den christlichen Glauben ging. Die Atmosphäre wurde von Sekunde zu Sekunde kritischer. Dabei hatte ich noch kein Wort gesprochen. Ich blickte auf die Uhr. In wenigen Minuten sollte ich beginnen – aber wie? Das war die Frage. Ich wußte nur: Hier war der Start entscheidend.

Sollte ich die Möglichkeit einer Diskussion anbieten? Mich fragen lassen? Ich verwarf diesen Gedanken.

Sollte ich von meinen Erfahrungen mit Jesus Christus berichten? Das hätte mir als Angeberei ausgelegt werden können. Ich verwarf auch diesen Gedanken.

Sollte ich einen meiner Mitarbeiter interviewen? Auch das schien mir zu gewagt.

Wenn ich die Gesichter vor mir betrachtete, schien mir jedes meiner Konzepte ein Fehlschlag. In dieser Situation mußten zuerst Ablehnung und Aggression besiegt werden – und plötzlich stand das Wort »Liebe« vor mir. Genau das war das Geheimnis. Hier konnte nur Liebe siegen – Gottes Liebe. Da tat ich etwas, was ich in solchen Augenblicken noch nie getan hatte: Ich öffnete meine Bibel. In das Stimmengewirr hinein sagte ich: »Meine Damen und Herren, ich möchte Ihnen zuerst die besten Sätze der Weltliteratur über die Liebe lesen:

> *Wenn ich mit Menschen- und mit Engelzungen redete und hätte die Liebe nicht, so wäre ich ein tönendes Erz oder eine klingende Schelle. Und wenn ich prophetisch reden könnte und wüßte alle Geheimnisse und alle Erkenntnis und hätte allen Glauben, so daß ich Berge versetzen könnte, und hätte die Liebe nicht, so wäre ich nichts. Und wenn ich alle meine Habe den Armen gebe und ließe meinen Leib verbrennen, und hätte die Liebe nicht, so wäre mir's nichts nütze.*

Die Liebe ist langmütig und freundlich, die Liebe eifert nicht, die Liebe treibt nicht Mutwillen, sie bläht sich nicht auf, sie verhält sich nicht ungehörig, sie sucht nicht das Ihre, sie läßt sich nicht erbittern, sie rechnet das Böse nicht zu... Die Liebe hört niemals auf. *(1. Korinther 13, 1–8)*

Während ich diese Sätze las, spürte ich geradezu, wie diese Liebe Raum gewann. Eine eigenartige Ergriffenheit breitete sich aus. Die Atmosphäre verwandelte sich. Auch die Gesichter schienen sich zu verändern. Das Eis war gebrochen.

Alles, was dann in den folgenden zwei Stunden geschah, war trotz harter Anfragen und gegensätzlicher Meinungen von dieser Liebe geprägt. Erneut wurde mir bewußt, daß die Liebe Gottes, die *agape,* das tiefste Geheimnis der Vollmacht ist.

Wenn es um die Liebe geht, kann man schlecht Theater spielen. Entweder man hat Liebe, oder man hat sie nicht. Darum erfordert auch die Frage nach der Liebe eine klare Antwort – ein Ja oder ein Nein. Man kann nicht mit »Vielleicht« oder »ich denke« antworten.

Mich hat schon immer das Gespräch beeindruckt, das der auferstandene Herr mit seinem Jünger Petrus führte. Da bewegte mich besonders die klare Antwort des Petrus: »Ja, Herr, du weißt, daß ich dich lieb habe.« Wie kaum ein anderes Wort der Bibel zeigt uns dieses Gespräch, daß Liebe und Vollmacht unzertrennlich miteinander verbunden sind; denn Jesus antwortet auf das klare Bekenntnis: »Weide meine Schafe!« Da bevollmächtigt Jesus Christus zum Dienst am Menschen.

Wer Jesus liebt, und nur wer Jesus liebt, ist zum Dienen fähig. Darum fragt Jesus zuerst nach der Liebe.

Die weltbekannte Friedensnobelpreisträgerin Mutter Teresa, jene einfache 70jährige albanische Nonne, ist dafür ein lebendiges Beispiel.

Es wird berichtet, daß vor Jahren ein Bruder ihres Ordens zu ihr kam und sich über einen Vorgesetzten beschwerte. Er wollte für die Leprakranken da sein, fühlte sich aber durch Regeln eingeengt. Mutter Teresa sagte freundlich: »Bruder, Ihre Berufung besteht nicht darin, für Aussätzige zu arbeiten, Ihre Berufung ist es, Jesus zu gehören.«

Genau daran wird deutlich, daß wir uns nicht einer Sache verschreiben dürfen, sondern Jesus. Alle göttlichen Aufträge entspringen aus der Liebe zu Jesus.

Aber hat Jesus Christus überhaupt ein Recht darauf, uns nach der Liebe zu ihm zu fragen?

Stellen Sie sich bitte vor: In einem Betrieb ruft der Chef einen Auszubildenden in sein Büro, bittet ihn, im Sessel Platz zu nehmen und fragt dann: »Hast du mich lieb?«

Oder was würden Sie wohl denken, wenn der Mathe-Lehrer auf dem Pausenhof einen seiner Schüler so fragen würde?

Oder noch extremer: Ein Polizist hält auf der Kreuzung einen Verkehrsteilnehmer an und fragt ihn: »Lieben Sie mich?« Das alles wäre doch völlig undenkbar oder mißverständlich, ja geradezu absurd.

Sehen Sie: Wenn Jesus Christus nur so etwas wäre wie ein »kosmischer Chef« und wir sein dienstbereites Bodenpersonal, dann hätte er nicht das Recht, nach unserer Liebe zu fragen.

Wenn Jesus Christus nur der große Lehrer, der Guru Nr. 1 wäre, und wir seine ergebenen Schüler, dann dürfte er die Frage nach der Liebe nicht stellen.

Wenn Jesus Christus nur so etwas wie ein überirdischer Polizist wäre, der dafür zu sorgen hätte, daß wir als irdische Verkehrsteilnehmer auch die Verkehrsregeln einhalten, dann wäre eine solche Frage allerdings lächerlich.

Nun aber stellt Jesus Christus diese Frage nach der Liebe, und das zeigt, daß er nicht so etwas wie der »himmlische Chef« oder der »große Guru« oder ein »Ordnungshüter« ist. Jesus ist mehr als das alles. Er ist der Erlöser und auch der Herr, und das alles auf der Basis der Liebe. Liebe zu Jesus ist der »heiße Kern« des Christseins. Wo diese Liebe fehlt, wird alles zur religiösen Form, zur kalten Betriebsamkeit.

Die Bibel berichtet von einer Gemeinde, wo das eintrat. Christus spricht diese Gemeinde daraufhin an:

»Ich kenne deine Werke und deine Mühsal und deine Geduld und

weiß, daß du die Bösen nicht ertragen kannst... Aber ich habe gegen dich, daß du die erste Liebe verläßt. So denke nun daran, wovon du abgefallen bist, und tue Buße...«

(Offenbarung 2, 2–5)

In der »Guten Nachricht« wird die zentrale Aussage noch markanter wiedergegeben:

»Aber etwas habe ich an euch auszusetzen: Ihr liebt mich nicht mehr wie am Anfang. Denkt darüber nach, von welcher Höhe ihr herabgestürzt seid!«

Und dann zeigt der 5. Vers wie sehr Vollmacht oder Ohnmacht der Christen mit der Liebe oder der fehlenden Liebe zu Jesus zusammenhängen. Warum ist das so? Warum Ohnmacht, wo die Liebe fehlt? Warum die Frage: »Hast du mich lieb?« Antwort: Es geht Jesus Christus um die persönliche Beziehung zu uns. Christliche Vollmacht das ist Christus in uns.

1. Die persönliche Beziehung

Bei meinen Gesprächen mit Menschen über den christlichen Glauben entdecke ich gerade an dieser Stelle eine erschrekkende Unwissenheit. Viele geben sich zufrieden mit einem gelegentlichen Kontakt zu Gott, durch Gebet, Kirchgang und der Orientierung an den Geboten Gottes. Das alles ist aber noch keine persönliche Beziehung. Bis hinein in die Kreise der kirchlichen Mitarbeiter entdecke ich an diesem entscheidenden Punkt immer wieder Fehlanzeige. Ich bin vielen begegnet, die für Gott arbeiteten, ohne eine persönliche Beziehung zu Jesus zu haben. Sie sind dann tatsächlich nur »Bodenpersonal«, und die Verbindung zwischen ihnen und Christus könnte man als »Arbeitnehmer- und Arbeitgeberbeziehung« bezeichnen.

So lernte ich vor Jahren eine alte Diakonisse kennen, die in einem Gespräch bekannte: »Ich habe mehr als fünfzig Jahre Gott gedient, ohne eine persönliche Beziehung zu Jesus gehabt zu haben.«

Während einer missionarischen Woche hatte ein Mitarbeiter

ein ähnliches Gespräch mit einem Mann im mittleren Alter. Er leitete den Kindergottesdienst und hatte noch eine Reihe anderer Ämter in der Kirchengemeinde. Aber ihm fehlte die persönliche Beziehung zu Gott. »Jesus lieben« war für ihn ein Fremdwort.

Es ist erst einige Wochen her, da ging ich durch die City einer Großstadt. Plötzlich legte sich eine Hand auf meine Schulter. Ich drehte mich um und sah einen jungen Mann. Am Abend zuvor war ich ihm zum ersten Mal in einer evangelistischen Veranstaltung begegnet. Nun berichtete er mir freudig, daß er sich noch gestern nacht Jesus Christus übereignet habe. Er sagte: »Ich helfe seit einigen Jahren im Kindergottesdienst. Dort habe ich gern von Jesus erzählt. Er war mir Vorbild. Sein Leben faszinierte mich. Aber ich sah in ihm nur eine große Persönlichkeit der Menschheitsgeschichte. Jetzt ist alles anders. Ich habe ihn erfahren und liebe ihn.«

Auf diese persönliche Beziehung legt Jesus Christus Wert. Sie ist das Fundament der Vollmacht. Jesus Christus ist eben nicht nur eine große Persönlichkeit der Geschichte, er ist der auferstandene Herr. Er lebt heute. Er will heute unser Leben prägen.

Noch einmal: Was vor Jesus zählt, ist die Liebe, nicht die Aktionen – und wenn es wirklich Liebe ist, und nicht nur Gefühlsduselei, dann wird diese Liebe auch tätig sein. Wer Jesus liebt, verbringt seine freie Zeit nicht im Fernsehsessel und auch nicht bei theologischem Geplauder. Er greift zu um Jesu willen, er kann nicht anders, weil diese Liebe ihn in Bewegung setzt.

»Die Liebe Christi drängt uns« *(2. Korinther 5, 14)*

2. *»Zuerst geliebt«*

Ein wunderbarer Morgen! Glücklich und staunend sitzen die Jünger Jesu am Ufer des Sees um das Feuer. Fische werden gebraten. Brot liegt bereit. Jesus Christus, der auferstandene Herr, ist in ihrer Mitte. Nur einer von ihnen kann sich nicht so recht mitfreuen. Es ist Petrus. Etwas bedrückt immer noch sein Gewissen. Er kann die Nacht nicht vergessen, in der er Jesus so schäbig verleugnet hat. Ob ihm vergeben ist? Oder ob noch die Abrechnung kommt?

In diesem Augenblick hört er seinen Namen. Jesus winkt ihn zu sich. Petrus steht auf. Auch Jesus erhebt sich. Sie gehen nebeneinander am Ufer entlang. In Petrus steigt ein banges Ahnen auf. Ob jetzt wohl diese Sache zur Sprache gebracht wird? Da schaut Jesus ihn an und fragt: »Hast du mich lieb?« Und plötzlich begreift Petrus: Wer nach der Liebe fragt, liebt selbst zuerst. Er spürt, daß Jesus ihn liebt, ihn, den Verleugner, ihn, den Versager. Und er weiß: Jesus liebt mich trotz meiner Fehler; er liebt mich, wie noch nie jemand mich geliebt hat.

Wenn Jesus Christus nach unserer Liebe fragt, dann ist das keine kühle Examensfrage, kein Tauglichkeitstest, sondern geradezu eine Liebeserklärung.

Ergriffen schrieb viele Jahre später der Jünger Johannes:

»Er – Jesus – hat uns zuerst geliebt.« *(1. Johannes 4, 19)*

Und der Apostel Paulus schreibt:

»Ihr sollt erkennen, wie unermeßlich die Liebe ist, die Christus zu uns hat und die alles Begreifen weit übersteigt.«

(GN/Epheser 3, 19)

»Unermeßlich« liebt uns Jesus Christus. Unermeßlich heißt ohne Maß oder auch maßlos. Und dazu lesen wir in der Bibel:

»Die Liebe hört niemals auf.« *(1. Korinther 13, 8)*

Immer wenn ich über das Geheimnis dieser Liebe nachdenke, werde ich an ein Gespräch mit einer jüdischen Christin erinnert. Während meines Theologiestudiums gab sie mir eine Zeitlang Unterricht in Englisch. Eines Tages stellte sie zu Beginn einer Unterrichtsstunde die Frage: »Who is the best friend?« – »Wer ist der beste Freund?«

»Jesus«, sagte ich.

Sie strahlte mich an und fragte: »Why?« – »Warum?«

Ich überlegte und gab einige Antworten. Aber sie war mit keiner zufrieden. Dann antwortete sie: »Weil er uns durch und durch kennt und dennoch liebt.«

Ich habe oft über diesen Satz nachgedacht. Je älter ich werde, und je mehr ich die Abgründe meines Herzens kennenlerne, um so wichtiger wird mir diese Antwort: »Weil er uns durch und durch kennt und dennoch liebt.«

»Wir sollen erkennen, wie unermeßlich die Liebe ist, die Christus zu uns hat und die alles Begreifen weit übersteigt.«

Diese Liebe ist nicht zu begreifen. Dafür ist unser Denken zu eng, unser Intellekt zu flach. Aber wir dürfen diese Liebe erfahren und von ihr hingerissen und überwältigt sein.

»Man sieht nur mit dem Herzen gut«, schreibt Antoine de Saint-Exupéry.

Mit dem Herzen erkennen wir Jesu Liebe zu uns. Mit dem Herzen sehen wir, daß sein Leben von der Krippe bis zum Kreuz von der Liebe zu uns bestimmt war. Der Sohn Gottes verließ den Himmel für eine in Sünde verlorene Welt. Er erniedrigte sich so tief, daß er sogar den Tod auf sich nahm. Wie ein Verbrecher wurde er gekreuzigt. Der Schöpfer des Universums hing zwischen zwei Mördern. So starb er für seine von Gott abgefallenen Geschöpfe. Er starb, damit wir leben können.

Diese Liebe gilt es zu erkennen. Petrus erkannte die Liebe, die Jesus zu ihm hat. Ihm wurde vergeben – das ist Liebe. Er darf weiterhin Jünger sein – das ist Liebe. Er wurde von Ängsten und Selbstvorwürfen befreit – das ist Liebe. Er bekommt Vollmacht zum Dienst – das ist Liebe.

»Wir sollen erkennen, wie unermeßlich die Liebe ist, die Christus zu uns hat und die alles Begreifen weit übersteigt.«

3. *Bevollmächtigt*

Sie erinnern sich an das, was Jesus zu Petrus sagte, als dieser ihm antwortete: »Herr, du weißt alle Dinge, du weißt, daß ich dich lieb habe.« – »Weide meine Schafe!« sagte Jesus. Das war ein klar umrissener Auftrag, eine Lebensbestimmung. Wir können dieses Wort Jesu auch so formulieren: »Ich gebe dir die Vollmacht, meine Schafe zu weiden.«

Bei der ersten Begegnung, drei Jahre zuvor, hatte Jesus zu Petrus gesagt: »Ich will dich zu einem Menschenfischer machen.« Jetzt sagte er: »Weide meine Schafe!« Damit ist er qualifiziert für die wichtigste Aufgabe im Reiche Gottes. Menschen sollen für Christus gewonnen und dann dazu geführt werden, selbst wieder brauchbare Werkzeuge für Christus zu sein. Das aber ist alles nur möglich durch die Liebe zu Jesus. Liebe ist »Tauglichkeitsgrad 1«.

Wer liebt, wird eingereiht in den »Stoßtrupp der Liebe Gottes«. Mit Ihnen will er jetzt schon Leuchtzeichen der neuen Welt setzen. Sie dürfen Botschafter des Friedens sein. Rufer zum Leben. Das ist Auswirkung der Ihnen verliehenen Vollmacht.

Was würden Sie jetzt antworten, wenn Jesus Sie fragte: »Hast du mich lieb?«

»Dem alleinigen Gott, unserm Heiland, sei durch Jesus Christus, unserem Herrn, Ehre und Majestät und Gewalt und Vollmacht vor aller Zeit, jetzt und in alle Ewigkeit!«

(Judas 25)

»Vollmacht« im Neuen Testament

Mehr als 70 Mal kommt der Begriff »Vollmacht« im Neuen Testament vor. Es ist nicht nur interessant, sondern auch hilfreich, ihm in einer Bibelarbeit nachzuspüren. Dazu lade ich hier ein.

Der »Bibelarbeiter« wird dabei allerdings auf eine Schwierigkeit stoßen. Es kann sein, daß er in seiner Bibel das Wort »Vollmacht« nicht findet. In vielen Übersetzungen wird dieses Grundtextwort mit einem anderen Begriff übertragen. In der Luther-Bibel lesen wir an den betreffenden Stellen: »Macht«, »Freiheit«, »Gewalt«, »Herrschaft«, »Obrigkeit«. Bei Bibelzitaten ist das kenntlich gemacht.

1. Die Vollmacht Gottes

> *»Dem alleinigen Gott, unserm Heiland, sei durch Jesus Christus, unserm Herrn, Ehre und Majestät und Gewalt und Macht (Vollmacht) vor aller Zeit, jetzt und in alle Ewigkeit! Amen.«*
>
> *(Judas 25)*

Gott ist die Quelle aller Vollmacht – so lesen wir hier. »Vor aller Zeit, jetzt und in alle Ewigkeit« ist in ihm jede Vollmacht begründet. Gott hat diese Vollmacht nicht empfangen. Sie ist ein Teil seines Wesens. Er ist der Planer und Vollender aller Dinge.

Jesus Christus antwortet auf die Frage seiner Jünger, wann er das Reich Israel aufrichten wird:

> *»Es gebührt euch nicht, Zeit oder Stunde zu wissen, die der Vater in seiner Macht (Vollmacht) bestimmt hat.«*
>
> *(Apostelgeschichte 1, 7)*

Gott hat geplant, und keine Macht des Universums kann diesen Plan Gottes verändern oder aufhalten. Alles, was im Himmel oder auf Erden geschieht, alle »Zwischenfälle«, hat Gott bereits eingeplant. Gott kommt zu seinem Ziel. Das ist Vollmacht.

In dieses Bild fügt sich auch die Aussage von Offenbarung 16,9 ein:

> *»Und die Menschen wurden versengt von der großen Hitze und lästerten den Namen Gottes, der Macht (Vollmacht) hat über diese Plagen.«*

Auch die Ereignisse der Endzeit stehen unter der Kontrolle Gottes. Der Zerstörung und dem Inferno des Grauens, das dort beschrieben wird, ist eine göttliche Grenze gesetzt. Gott läßt es nicht zu, daß unser Planet verbrannt und ohne Leben im All rotiert. Gottes Ziel ist Frieden und Gerechtigkeit. Sein Reich wird kommen.

2. Die Vollmacht des Sohnes Gottes

Die wohl stärkste Aussage hierzu hören wir aus dem Mund Jesu selbst:

> *»Mir ist alle Macht (Vollmacht) gegeben, im Himmel und auf Erden.«* *(Matthäus 28, 18)*

Noch einmal begegnet Jesus Christus seinen Jüngern nach seiner Auferstehung. Er sammelt sie um sich, um ihnen zu sagen, wie gewaltig und weltumspannend ihr Auftrag ist. Sie sollen Menschen aus allen Völkern zu Jüngern machen. Er sprengt ihren engen Horizont. Er zeigt ihnen die universale Weite ihres Dienstes. Zugleich aber führt er sie an die Qualität ihres Auftrags. Sie sollten nicht nur darum bemüht sein, daß weltweit Menschen das Evangelium hören, daß sie eine Glaubensentscheidung für Jesus Christus treffen, Vergebung ihrer Schuld erleben und so Kinder Gottes werden. Jesus gibt ihnen die Anweisung, die Gläubigen zu Jüngern auszubilden. Er sagt:

> *»Geht nun zu allen Völkern der Welt und macht die Menschen zu meinen Jüngern.«* *(Matthäus 28, 19 GN)*

Schulung in der Jüngerschaft bedeutet, Christen das zu lehren, was sie selbst von Christus gelernt hatten. Damit sollte eine »geistliche Multiplikation« in Bewegung gesetzt werden. Das Motto war: »Jeder Christ ein Missionar!« Das war eine erdrückende Aufgabe für die elf Jünger. Waren sie dazu überhaupt fähig? War das nicht eine totale Überforderung? Nun – bevor Jesus Christus ihnen diesen Auftrag gibt, sagt er ihnen, daß ihm alle Vollmacht im Himmel und auf Erden gegeben ist. »Alle« Vollmacht – das ist gewaltig. Und danach verspricht er ihnen:

»Siehe, ich bin bei euch alle Tage bis an das Ende der Welt.«

(Matthäus 28, 20)

Seine absolute Vollmacht und sein reales Mit-ihnen-Sein wird sie in die Lage versetzen, diesen gewaltigen Auftrag zu erfüllen. Das gilt auch für uns.

Wir haben einen Herrn, der Vollmacht hat. Sein Wort löst Bewegungen im Himmel und auf Erden aus. Was während seines irdischen Lebens lokal geschah, in Jerusalem, Kapernaum oder Nazareth, das kann jetzt global geschehen. Jesus Christus ist jetzt weltweit am Wirken. Er ist dort, wo seine Jünger leben und arbeiten. Durch sie spricht er. Durch sie handelt er. Wir sind seine Werkzeuge.

Für jeden Jünger Jesu ist es darum wichtig, Einzelheiten über die Vollmacht Jesu zu wissen. Es ermutigt zum Glauben und Handeln.

Jesus Christus hat Vollmacht über alle Menschen

Das spricht Jesus selbst in dem Gebet aus, das als das »Hohepriesterliche Gebet« bekannt ist:

»Jesus blickte zum Himmel auf und sprach: Vater, die Stunde ist gekommen: verherrliche deinen Sohn, damit dein Sohn dich verherrlicht; denn du hast ihm Macht (Vollmacht) über alle Menschen gegeben, damit er allen, die du ihm gegeben hast, das ewige Leben gibt!« *(Johannes 17, 1.2)*

Jesus setzt seine Vollmacht dazu ein, um verlorenen Menschen das ewige Leben zu geben. Er ist der Retter. Wenn Gott einen Menschen retten will, führt er ihn zu seinem Sohn. Darum sagt Jesus Christus, daß er allen ewiges Leben gibt, die der Vater ihm gegeben hat. Dieses Gebetswort gibt mir die Gewißheit, daß Jesus Christus immer dort rettend handelt, wo ein Mensch von Gott selbst angesprochen wird und sich dann dem Sohn Gottes übereignet.

Viele Erfahrungen aus dem missionarischen Bereich können diese Aussage aktualisieren. Ein Beispiel dazu:

Am Schluß eines evangelistischen Abends bittet mich ein 17jähriges Mädchen um ein Gespräch. Als wir uns kurze Zeit später im Seelsorgeraum gegenübersitzen, berichtet sie: »Vielleicht haben Sie mich heute abend beobachtet. Ich bin das Mädchen, das mitten in der Predigt die Kirche verlassen hat und dann kurze Zeit später wieder zurückkam. Ich bin Patientin in dem Krankenhaus gegenüber. Ich wollte in mein Zimmer. Aber plötzlich konnte ich keinen Schritt weitergehen. Es zog mich zurück in die Kirche. Es war, als ob eine Hand nach mir greifen würde. Ich mußte umkehren. Als ich dann in der Kirche saß, hat mich jeder Satz persönlich angesprochen. Ganz anders als zuvor. Jetzt muß ich eine Entscheidung treffen. Ich möchte ein neues Leben beginnen. Ich möchte Jesus Christus als meinen Herrn annehmen.«

Ich öffnete meine Bibel und zeigte ihr das Wort Jesu in Johannes 6, 44:

> *»Es kann niemand zu mir kommen, wenn ihn nicht der Vater, der mich gesandt hat, zu mir zieht.«*

Genau das hatte jenes Mädchen an diesem Abend erlebt, als es zur Umkehr bewegt wurde. Gott zog es.

Im gleichen Kapitel sagt Jesus:

> *»Alles, was mir mein Vater gibt, das kommt zu mir; und wer zu mir kommt, den werde ich nicht hinausstoßen.«* (Johannes 6, 37)

Mit diesen beiden biblischen Worten konnte ich dem jungen Mädchen Mut zum Vertrauen zusprechen. Ich konnte ihr sagen, daß Jesus Christus sie annimmt und ihr Leben erneuert, wenn sie sich ihm übereignet.

Selten wird das »Ziehen Gottes« so dramatisch sein wie in diesem Bericht. Viele Menschen erleben es anders. Und überhaupt: Es gibt keine Erfahrung mit Gott, die sich gleicht.

Jesus Christus hat Vollmacht, Sünden zu vergeben

Zum Entsetzen der religiösen Elite hat Jesus Christus immer wieder Menschen in aller Öffentlichkeit die Vergebung ihrer Sünden zugesprochen. Dadurch kam es zu harten Auseinandersetzungen. Er wurde angegriffen. Denn Sünden vergeben, das konnte doch nur Gott. In einer speziellen Situation begründet Jesus seine Vollmacht, Sünden zu vergeben. Vor ihm lag ein gelähmter Mann. Jesus fragte die Pharisäer:

> *»Was ist denn leichter, zu sagen: Dir sind deine Sünden vergeben, oder zu sagen: Steh auf und geh umher?«*
>
> *(Matthäus 9, 5)*

Als sie die Antwort schuldig blieben, sprach Jesus:

> *»Damit ihr aber wißt, daß der Menschensohn Vollmacht hat, auf Erden die Sünden zu vergeben – sprach er zu dem Gelähmten: Steh auf, hebe dein Bett auf und geh heim!«* *(Matthäus 9, 6)*

So dürfen wir auch heute damit rechnen, daß Jesus Christus Sünden vergibt. Was kein Mensch kann, das kann er. Er kann belastete Menschen befreien. Vergebung ist erfahrbar.

Jesus Christus hat Vollmacht, den bösen Geistern zu gebieten.

> *»Und es kam eine Furcht über sie alle, und sie redeten miteinander und sprachen: Was ist das für ein Wort? Er gebietet mit Vollmacht und Gewalt den unreinen Geistern, und sie fahren aus.«* *(Lukas 4, 36)*

Die Menschen sind vom Handeln Jesu beeindruckt. Das hatten sie noch nie erlebt. Er tritt den Mächten souverän entgegen. Er gebietet. Sie gehorchen. Da ist kein stundenlanger mühsamer Kampf, kein aufreibender »Exorzismus«. Ein Wort genügt. Die Dämonen räumen das Feld. Menschen werden frei.

Jesus Christus predigte in Vollmacht

> *»Jesus lehrte sie mit Vollmacht und nicht wie ihre Schriftgelehrten.«* (Matthäus 7, 29)

Das ist das Echo aus den Reihen seiner Zuhörer. Sie stellen einen großen Unterschied fest zwischen seiner Predigt und den Predigten der Schriftgelehrten. Seine Predigt trifft die Herzen, erschüttert die Gewissen. Es ist Wort von Gott, taufrisch und aktuell. Die Reden der Schriftgelehrten sind blaß und wirken abgestanden. Hier ist Vollmacht, dort ist Ohnmacht. Jesus Christus konnte sagen:

> *»Die Worte, die ich zu euch geredet habe, die sind Geist und sind Leben.«* (Johannes 6, 63)

Darin liegt das Geheimnis seiner vollmächtigen Lehre.

Jesus Christus hat Vollmacht, Gericht zu halten

Während seines Disputs im Tempelbereich in Jerusalem sagte Jesus zu den Juden:

> *»Denn wie der Vater das Leben hat in sich selber, so hat er auch dem Sohn gegeben, das Leben zu haben in sich, und er hat ihm Vollmacht gegeben, das Gericht zu halten, weil er der Menschensohn ist.«* (Johannes 5, 26.27)

Eine solche Aussage war für die theologische Elite von damals eine ungeheure Herausforderung. Gericht zu halten war allein Gottes Sache. Wer Gericht hält, sitzt auf dem Thron. Wer Gericht hält, ist letzte Instanz. Der Richtende hat das letzte Wort. Und das beansprucht Jesus Christus für sich. Können wir uns vorstellen, welche Wirkungen solche Worte bei den frommen Juden auslösten? Es mußte schockieren, denn vor ihnen stand ein Wanderprediger.

Nur wenige erkannten, wer er wirklich war: Gottes Sohn, der Retter der Welt und der Richter aller geschaffenen Wesen.

Jesus Christus hat Vollmacht, die Herrschaft Satans zu beenden

Davon spricht das letzte Buch der Bibel:

> *»Und ich hörte eine große Stimme, die sprach im Himmel: Nun ist das Heil und die Kraft und das Reich unseres Gottes und die Macht (Vollmacht) seines Christus; denn der Verkläger (Satan) unserer Brüder ist verworfen, der sie verklagte Tag und Nacht vor unserm Gott.«* *(Offenbarung 12, 10)*

Damit ist die jetzt noch bestehende Disharmonie im Jenseits beendet. Christus hat von seiner Vollmacht Gebrauch gemacht. Er hat die antigöttlichen Mächte gestürzt. Der Sieg Gottes wird proklamiert:

> *»Danach kommt das Ende, wenn er das Reich Gott, dem Vater, übergeben wird, nachdem er alle Herrschaft und alle Macht und Gewalt vernichtet hat.«* *(1. Korinther 15, 24)*

Welch ein Vorrecht ist es, auf der Seite dieses Herrn stehen zu dürfen. Das sollten sich alle, die Jesus Christus als ihren Herrn angenommen haben, Tag für Tag neu bewußt machen. Unser Denken und unsere Gefühle sollten davon geprägt sein. Es sollte unser Handeln und Reden bestimmen. Wer die Vollmacht Jesu erkennt und weiß, daß dieser Herr in ihm wohnt, der wird sein Leben auf einer neuen Ebene führen.

3. *Die Vollmacht der Jünger Jesu*

Jesus Christus bevollmächtigt seine Leute. Das ist eine Tatsache, die sich durch das ganze Neue Testament wie ein roter Faden hindurchzieht. Der Sohn Gottes läßt seine Jünger nicht nur miterleben, daß er Vollmacht hat, sondern er macht sie zu Teilhabern seiner Vollmacht.

Die Vollmacht der Gotteskindschaft

> *»Wie viele ihn aber aufnahmen, denen gab er Macht (Vollmacht),*

Gottes Kinder zu werden, denen, die an seinen Namen glauben.«
(Johannes 1, 12)

Wer Jesus Christus persönlich als Herrn und Erlöser in sein Leben aufnimmt, wird dadurch wiedergeboren und erhält ein neues Leben, Leben aus Gott. Jetzt ist er ein Kind Gottes. Zuvor war er ein Geschöpf Gottes.

Kind Gottes sein ist der höchste Adel, den es gibt. Dadurch haben wir das Recht, zu Gott, dem Schöpfer, Vater zu sagen. Und wir haben alle Rechte, die ein Kind besitzt. Der Apostel Paulus schreibt:

»Sind wir aber Kinder, so sind wir auch Erben, nämlich Gottes Erben und Miterben Christi.« *(Römer 8, 17)*

Vollmacht im Dienst

»Und Jesus rief seine zwölf Jünger zu sich und gab ihnen Macht (Vollmacht) über die unreinen Geister, daß sie die austrieben und heilten alle Krankheiten und alle Gebrechen.« *(Matthäus 10, 1)*

Eindrucksvoll schildert Matthäus hier, wie Jesus Christus, bevor er seine Jünger aufs »Missionsfeld« sendet, sie noch einmal um sich sammelt. Bei diesem internen Jüngergespräch geschieht eine wunderbare göttliche Kraftübertragung. Jesu Vollmacht geht auf seine Jünger über. Nun können sie so wie er handeln. Sie sind in der Lage den antigöttlichen Mächten in Vollmacht zu gebieten. Auch Krankheiten müssen weichen, und seelische Gebrechen werden aufgehoben. Ein Strom des Segens geht in den folgenden Wochen von diesen Männern aus. Tausende erfahren, daß das Reich Gottes angebrochen ist.

Vollmacht über Satan

»Seht, ich habe euch Macht (Vollmacht) gegeben, auf Schlangen und Skorpione zu treten, und Macht (Vollmacht) über alle Gewalt des Feindes; und nichts wird euch schaden.«
(Lukas 10, 19)

Wer die Bibel kennt, wird nicht leichtfertig über Satan und die ihm unterstellten Mächte sprechen. Noch immer ist er der »Gott dieser Weltzeit« (2. Korinther 4,4). Er hat »Macht« über die Weltreiche (Lukas 4, 6). Er belegt unzählige Menschen mit geistlicher Blindheit, indem er ihren Verstand verwirrt (2. Korinther 4.4). So können sie die befreiende Kraft des Evangeliums nicht erkennen. Satan ist der »Vater der Lüge« und der »Mörder von Anfang an« (Johannes 8, 44). Luther sagt von ihm: »Groß Macht und viel List sein grausam Rüstung ist.« In dieser Weltzeit spricht er das große Wort. Die Weltsysteme stehen ihm zur Verfügung. Mitten in dieser von Satan beherrschten Welt hat Jesus Christus seine Jünger. Die Bibel gebraucht das Bild: »Schafe mitten unter Wölfen« (Matthäus 10, 16). Aber die Jesusleute stehen nicht auf hoffnungslosem Posten. Sie sind nicht ein hilfloser Spielball dieser »Supermacht«. Sie sind nicht eingeschlossen im Konzentrationslager Satans. Nein! Jesus Christus hat ihnen Vollmacht gegeben über alle Macht des Feindes. Das ist eine atemberaubende Tatsache. Christen können in vollmächtiger geistlicher Überlegenheit ihren Weg durch dieses Leben mit Jesus Christus gehen. Sie erfahren Jesu Sieg im Zusammenstoß mit den Mächten Satans.

Vollmacht über Essen und Trinken

> *»Speise aber wird uns nicht vor Gottes Gericht bringen. Essen wir nicht, so werden wir darum nicht weniger gelten; essen wir, so werden wir darum nicht besser sein. Seht aber zu, daß diese eure Freiheit (Vollmacht) für die Schwachen nicht zum Anstoß wird.«* *(1. Korinther 8, 8.9)*

Paulus setzt sich hier mit einem Gemeindeproblem auseinander, das in Korinth manche Spannungen verursachte. Häufig wurde Fleisch, bevor es zum Verkauf angeboten wurde, in einem Götzentempel einem Götzen geweiht. Durften Christen solches Fleisch essen? Verunreinigten sie sich nicht damit? Kamen sie dadurch nicht unter den Bann der Dämonen? Paulus verneint das. Vielleicht hatte er dabei das Wort Jesu im Auge:

»Was zum Mund hineingeht, das macht den Menschen nicht unrein; sondern was aus dem Mund herauskommt, das macht den Menschen unrein. *(Matthäus 15, 11)*

So müssen Christen nicht ängstlich fragen und forschen. Sie haben auch auf diesem Bereich Vollmacht. Für den Apostel Paulus gibt es an dieser Stelle nur eine Einschränkung: Diese Vollmacht der »starken Christen« darf dem noch im Glauben schwachen Christen nicht zum Anstoß werden.

Vollmacht in der Gemeindeleitung

»Auch wenn ich mich noch mehr der Vollmacht rühmen würde, die uns der Herr gegeben hat, euch zu erbauen, und nicht euch zu verderben, so würde ich nicht zuschanden werden.«

(2. Korinther 10, 8)

»Deshalb schreibe ich auch dies aus der Ferne, damit ich nicht, wenn ich anwesend bin, Strenge gebrauchen muß nach der Vollmacht, die mir der Herr gegeben hat, zu erbauen, nicht zu zerstören.« *(2. Korinther 13, 10)*

Mit einer erstaunlichen Freiheit und Offenheit spricht der Apostel in den Kapiteln des Korintherbriefes die Problemfelder der Gemeinde an. Er persönlich wurde von Christen in Korinth angegriffen und in Frage gestellt. Es hatten sich verschiedene Gruppen gebildet, die gegeneinander stritten. Auch in moralischer Hinsicht lag manches im Argen. In Vollmacht tritt der Apostel diesen Mißständen entgegen. In seinem Brief gebraucht er dabei Bilder aus dem Bereich des Krieges:

»Denn die Waffen unseres Kampfes sind nicht fleischlich, sondern mächtig im Dienste Gottes, Festungen zu zerstören. Wir zerstören damit Gedanken und alles Hohe, das sich erhebt gegen die Erkenntnis Gottes, und nehmen gefangen alles Denken in den Gehorsam gegen Christus.« *(2. Korinther 10, 4.5)*

Bei diesem geistlichen Kampf aber hat Paulus nur eines im Auge: Die Gemeinde Jesu soll gebaut werden. So muß Paulus eingreifen und durchgreifen, daß das Werk Gottes nicht aufgehalten wird.

Auch heute braucht die Kirche Jesu Christi vollmächtige geistliche Führer. An der Spitze dürfen keine Diplomaten stehen, die nach rechts und links vermitteln. Die Kirche braucht Männer, die einen klaren Kurs anzeigen. Sie müssen in der Vollmacht Christi die Brückenköpfe und Festungsanlagen des Feindes zerstören. Die Kirche braucht keine »Schriftgelehrten«, sondern Propheten, die Gottes Wort zur Stunde sagen.

Vollmacht zum Eingang in die neue Welt Gottes

> *»Selig sind, die ihre Kleider waschen, daß sie teilhaben (Vollmacht haben) an dem Baum des Lebens und zu den Toren hineingehen in die Stadt.«* *(Offenbarung 22.14)*

In Bildworten beschreibt die Offenbarung das gewaltige Ereignis des Eingangs der Kinder Gottes in die neue Welt Gottes. Dabei greift sie im ersten Bild auf den Anfang der Heilsgeschichte zurück. Dort ist ebenfalls vom Baum des Lebens die Rede. Seine Früchte vermittelten ewiges Leben. Er stand im Paradies. Wir lesen:

> *»Und Gott der Herr sprach: Siehe, der Mensch ist geworden wie unsereiner und weiß, was gut und böse ist. Nun aber, daß er nur nicht ausstrecke seine Hand und breche auch von dem Baum des Lebens und esse und lebe ewiglich! Da wies ihn Gott der Herr aus dem Garten Eden.«* *(1. Mose 3, 22.23)*

Noch einmal weise ich darauf hin, daß wir es hier mit Bildern zu tun haben. Sie sollen ein nicht in Worte zu fassendes Ereignis darstellen. Alles, was in der Sphäre Gottes geschieht, ist heute noch für den Menschen unfaßbar, unausdenkbar und darum auch unaussprechbar. Der Apostel Paulus bekennt:

> *»Ich kenne denselben Menschen – ob er im Leib oder außer dem Leib gewesen ist, weiß ich nicht; Gott weiß es –, der wurde entrückt in das Paradies und hörte unaussprechliche Worte, die kein Mensch sagen kann.«* *(2. Korinther 12, 3.4)*

Der Baum des Lebens ist das Bild für ewiges Leben. Wer von ihm ißt, über den hat der Tod keine Macht mehr. Kinder Gottes haben Vollmacht, von diesem Baum zu essen.

Auch die weitere Aussage: »Sie dürfen hineingehen zu den Toren in die Stadt« ist ein Bildwort. Es drückt das Vorrecht aus, zu Gott zu gehören. Jünger Jesu dürfen dort sein, wo Gott ist, dort, wo das »Hochzeitsfest des Lammes« gefeiert wird (Offenbarung 19, 7); dort, wo Gott selbst »alle Tränen abwischt« von den Augen seiner Leute (Offenbarung 19,7); dort, wo es kein »Leid und kein Geschrei« mehr gibt (Offenbarung 21,4). Wir dürfen bei Jesus sein. Dieses Vorrecht, diese Vollmacht haben die, die »ihre Kleider gewaschen haben« – so lesen wir in Offenbarung 22.14. In einem anderen Text der Offenbarung wird diese Aussage vertieft:

> *»Und einer der Ältesten fing an und sprach zu mir: Wer sind diese, die mit den weißen Kleidern angetan sind, und woher sind sie gekommen? Und ich sprach zu ihm: Mein Herr, du weißt es. Und er sprach zu mir: Diese sind's, die gekommen sind aus der großen Trübsal und haben ihre Kleider gewaschen und haben ihre Kleider hell gemacht im Blut des Lammes.«*
>
> *(Offenbarung 7, 13.14)*

»Im Blut des Lammes, im Blut Jesu, gewaschen« – das ist also das Geheimnis der Vollmacht. Hier sind Menschen, die ihre Sünden, ihr verdorbenes Leben vor dem gekreuzigten Sohn Gottes abgelegt haben. Und er hat sie gereinigt. Er hat ihnen ein neues Leben gegeben. Er hat sie geheiligt.

Es ist wunderbar, daß gerade an dieser Stelle unser Blick auf den gekreuzigten Herrn gerichtet wird. Denn das Kreuz ist die Mitte des Rettungshandelns Gottes.

> *»Er ist um unsrer Missetat willen verwundet und um unsrer Sünde willen zerschlagen. Die Strafe liegt auf ihm, auf daß wir Frieden hätten, und durch seine Wunden sind wir geheilt. Wir gingen alle in die Irre wie Schafe, ein jeder sah auf seinen Weg. Aber der Herr warf unser aller Sünde auf ihn.«* *(Jesaja 53, 5.6)*

Ohne dieses Opfer des Sohnes Gottes wären wir hoffnungslos verlorene Leute, hilflos dem Tod und der Hölle ausgeliefert.

Ewige Trennung von Gott wäre unser Schicksal. Aber der Gekreuzigte hat uns dem Wahnsinn ewiger Verlorenheit entrissen. Sein Blut reinigt und befreit von der Sünde. Er beschenkt uns mit der Vollmacht, durch die Tore in die neue Welt Gottes einzugehen.

4. *Die »Vollmacht« der überirdischen Mächte*

Sehr zurückhaltend spricht die Bibel über die für uns unsichtbare Welt. An den Stellen aber, wo davon die Rede ist, wird ersichtlich, daß in ihr eine Fülle verschiedenster Wesen leben. Es gibt Engel und Dämonen, gute und böse Geister, gewaltige Wesen, die Gott zur Verfügung stehen; aber auch zerstörerische Mächte, die unter der Regie Satans agieren. Diese göttlichen und satanischen Mächte werden im Grundtext der Bibel »Vollmächte« genannt. Nicht immer ist ersichtlich, ob es sich dabei um gute oder böse Mächte handelt. Das muß aus dem jeweiligen Textzusammenhang erkannt werden.

Zuerst betrachten wir einige Stellen, in denen von »guten Mächten« gesprochen wird.

> *»Denn in Jesus Christus ist alles geschaffen, was im Himmel und auf Erden ist, das Sichtbare und das Unsichtbare, es seien Throne oder Herrschaften oder Mächte (Vollmächte) oder Gewalten; es ist alles durch ihn und zu ihm geschaffen.«* *(Kolosser 1, 16)*

Mit diesem Wort wird der Schleier, der vor der Welt Gottes hängt, ein wenig zur Seite geschoben. Wir sehen etwas von der Vielfalt der Schöpfung Gottes. Die hier genannten Wesen besitzen Autorität. Ihnen sind Bereiche in der unsichtbaren und sicher auch in der sichtbaren Welt unterstellt. Unter ihnen finden wir auch die »Vollmächte«. Sie sind von Christus geschaffen, und er wird ihr »Haupt« genannt:

> *»Jesus Christus ist das Haupt aller Mächte (Vollmächte) und Gewalten.«* *(Kolosser 2, 10)*

Christus ist also ihr »Chef«. Er erteilt ihnen die Aufträge. Er legt ihren Wirkungsbereich fest. Er erwartet von ihnen Rechenschaft. Das »Haupt« ist ja die Zentrale, von der alle Impulse ausgehen. Im Brief an die Gemeinde in Ephesus schreibt Paulus, daß Gott seinen Sohn nach seiner Auferstehung über all diese Mächte gesetzt hat:

»Gott hat Christus von den Toten auferweckt und eingesetzt zu seiner Rechten im Himmel über alle Reiche, Gewalt, Macht (Vollmacht), Herrschaft und alles, was sonst einen Namen hat, nicht allein in dieser Welt, sondern auch in der zukünftigen.«

(Epheser 1, 20.21)

Es wird noch erwähnt, daß die »Vollmächte« sich in einem Lernprozeß befinden. Am Rettungs- und Vollendungshandeln Gottes mit seiner Gemeinde lernen sie die überwältigende Weisheit Gottes kennen:

». . .damit jetzt kund werde die mannigfaltige Weisheit Gottes den Mächten (Vollmächten) und Gewalten im Himmel durch die Gemeinde.« *(Epheser 3,10)*

Hier können wir sehen, daß diesen Mächten vieles noch verborgen ist.

Nun wird der gleiche Begriff »Vollmacht« auch für die negativen Mächte gebraucht. Die eindeutigste Aussage dazu finden wir in dem Text, der von der »geistlichen Waffenrüstung« der Christen spricht:

»Denn wir haben nicht mit Fleisch und Blut zu kämpfen, sondern mit Mächtigen und Gewaltigen (Vollmächten), nämlich mit den Herren der Welt, die in dieser Finsternis herrschen, mit den bösen Geistern unter dem Himmel.« *(Epheser 6, 12)*

Unter der Regie Satans sind diese »Vollmächte« ständig im Kampf gegen die Gemeinde Jesu. Sie haben den Auftrag, die Jünger Jesu einsatzunfähig zu machen und daran gehindert zu werden, einer verlorenen Welt die rettende Botschaft von Jesus Christus zu bringen. Die Angriffsmethoden dieser Mächte sind Verführung, Verunsicherung und Verschleierung. Gott hat seine Gemeinde dazu berufen ein Stoßtrupp seiner Liebe zu sein. Sie kann es, wenn sie im Gehorsam die »Waffenrüstung Gottes« trägt. Die Mächte der Finsternis aber möchten aus ihr eine »christliche Krankenstation« machen.

Oft ist das dem Feind gelungen, weil die Christen nicht mehr im Gehorsam lebten. Sie haben Gottes Wort nicht mehr beachtet, und ihre geistlichen Führer haben nicht mehr nach den Zielen Gottes gefragt. Menschliche Aktionen traten an die Stelle des göttlichen Handelns. So hat es »Volltreffer« dieser Mächte gegeben, durch die die Kirche in ganzen Jahrhunderten lahmgelegt wurde. Das dunkle Mittelalter ist ein beredtes Beispiel dafür. In diesen Jahrhunderten zeichnet die Kirchengeschichte eine Kirche, die nur noch Machtfaktor war, geprägt von Irrlehren und menschlichen Ideen. Wir denken an die Kreuzzüge und an die Christianisierung mit dem Schwert in der Hand.

Aber wir sollten auch unsere Zeit unter dem Einfluß dieser Mächte erkennen. Gibt es heute nicht eine Zersetzung der Kirche durch eine Theologie, die Gott für tot erklärt? Oder sehen wir nicht die Gefahr, daß das Verhandeln von politischen und sozialen Tagesthemen die Botschaft vom Kreuz verdrängt? Es gibt Strömungen innerhalb der Kirchen, in denen das Wort von der Bekehrung zum Fremdwort geworden ist. Man erklärt rundweg alle Menschen für Kinder Gottes. Warum dann noch zu Jesus rufen?

Hinter aller Verwirrung aber steht der »Diabolos«, der »Durcheinanderwerfer«, Satan selbst. Darum schreibt der Apostel Paulus, daß wir gegen diese Mächte zu kämpfen haben. Aber der Kampf ist nicht aussichtslos, denn Christus steht auf unserer Seite. Die Bibel sagt:

> *»Gott hat die Mächte (Vollmächte) und Gewalten ihrer Macht entkleidet und sie öffentlich zur Schau gestellt und hat einen Triumph aus ihnen gemacht in Christus.«* *(Kolosser 2, 15)*

In dieser Aussage werden Bilder aus dem Kriegsgeschehen verwendet. Ein Sieger triumphiert über den Besiegten. Er stellt ihn in einem Umzug öffentlich zur Schau. Das ist mit diesen Mächten geschehen, als Jesus starb und auferstand. Noch haben sie Macht, aber es ist eine gebrochene Macht. Die Stunde ihrer endgültigen Entmachtung liegt bereits fest.

5. *Die »Vollmacht« Satans*

Es darf nicht verschwiegen werden, daß an einigen markanten Stellen der Bibel auch von der Vollmacht Satans geredet wird. Als der Führer der negativen Mächte hat er Vollmacht über die Weltreiche. In der Begegnung mit dem Sohn Gottes hebt Satan das hervor:

> *»Und der Teufel führte Jesus hoch hinauf und zeigte ihm alle Reiche der Welt in einem Augenblick und sprach zu ihm: Alle diese Macht will ich dir geben und ihre Herrlichkeit; denn sie ist mir übergeben, und ich gebe sie, wem ich will. Wenn du mich nun anbetest, so soll sie ganz dein sein.«* *(Lukas 4, 5–7)*

Weil Jesus Christus das wußte, hat er auf jede Form irdischer Macht verzichtet. Er floh, als nach der Speisung der 5000 die Menschen ihn zu ihrem König machen wollten. Er hat nicht in die Politik eingegriffen und keine soziale Reform angestrebt. Vor Pilatus bekannte er:

> *»Mein Reich ist nicht von dieser Welt. Wäre mein Reich von dieser Welt, meine Diener würden darum kämpfen, daß ich den Juden nicht überantwortet würde; nun aber ist mein Reich nicht von dieser Welt.«* *(Johannes 18,36)*

Jesus hat in dieser Welt geholfen, geheilt, getröstet und von Dämonen Gebundene befreit – aber er hat keine Befreiungsbewegung organisiert. Sein Ziel war es, Menschen zu verändern, nicht Systeme.

Über die Weltreiche, über die Machtsysteme und allem, was damit zusammenhängt, hat Satan »Vollmacht«. Er ist der geheime Drahtzieher hinter den Kulissen. Alles, was etwas mit irdischer Macht zu tun hat, ist sein Ressort. Christen können nur insoweit Licht dieser noch von Satan gesteuerten Welt sein, wie sie bereit sind, sich vom Geist Gottes erfüllen und gebrauchen zu lassen.

Die Bibel zeigt auch, daß Satan eine gewisse Macht über die Menschen hat, die nicht ein Eigentum Jesu sind. In Apostelgeschichte 26,18 ist unter diesem Aspekt von der »Vollmacht Satans« die Rede:

»Du sollst ihnen die Augen öffnen, damit sie sich von der Finsternis zum Licht und von der Gewalt (Vollmacht) des Satans zu Gott bekehren.«

Jede echte Bekehrung zu Jesus Christus ist also ein Herrschaftswechsel. Zuvor war Satan der Herr, jetzt ist Gott der Herr.

Mit der Bekehrung verliert Satan seine Macht über den Menschen, und Jesus Christus bietet diesem Menschen ein Leben in göttlicher Vollmacht an.

Einmal wird Satans Macht endgültig gebrochen sein. Das ist eines der wesentlichen Ziele der Geschichte Gottes. Darum bekennen wir:

Daß Jesus siegt, bleibt ewig ausgemacht,
sein wird die ganze Welt.
Denn alles ist nach seines Todes Nacht
in seine Hand gestellt.
Nachdem am Kreuz er ausgerungen,
hat er zum Thron sich aufgeschwungen.
Ja, Jesus siegt!

Zusammenfassung: Der Begriff *»exousia – Vollmacht«* ist zunächst neutral. Er bekommt seine positive oder negative Wertung durch den, auf den er angewandt wird. Jesus Christus gebraucht seine, ihm von Gott gegebene Vollmacht, um den Rettungsauftrag Gottes auszuführen. Satan gebraucht seine Vollmacht, um zu zerstören. Jünger Jesu sind Bevollmächtigte ihres Herrn. Ihre Vollmacht ist die Vollmacht Jesu.

»Wie viele Jesus aufnahmen, denen gab er Macht, Gottes Kinder zu werden, denen, die an seinen Namen glauben.« *(Johannes 1, 12)*

Der (un)klare Start

Darf ich Sie hier zu einem Gedankenexperiment einladen? Stellen Sie sich bitte folgendes vor: Ich sitze Ihnen in einem gemütlichen Wohnzimmer gegenüber. Die Stehlampe brennt. Auf dem Tisch liegt meine Bibel. Wir haben uns gerade erst kennengelernt. Sie wissen, daß ich Evangelist bin. Ich weiß, daß Sie Christ sind. Nun möchte ich gern Näheres aus diesem Bereich Ihres Lebens erfahren. Deshalb versuche ich, darüber mit Ihnen ins Gespräch zu kommen:

»Ich habe mit vielen Menschen über ihre Beziehung zu Gott gesprochen. Es interessiert mich immer wieder, wie sie Jesus Christus kennengelernt haben und wie es zu einer Entscheidung für ihn gekommen ist. Erzählen Sie mir doch bitte, wie das in Ihrem Leben geschah. Wann haben Sie Ihre Lebensentscheidung für Christus getroffen, und welche besonderen Umstände trugen dazu bei, daß Sie ihn in Ihr Leben aufgenommen haben?«

Ganz offen: Wie würden Sie auf eine solche Frage reagieren? Kämen Sie in Verlegenheit? Müßten Sie zuerst angestrengt nachdenken? Oder könnten Sie auf eine prägende Erfahrung zurückgreifen, die Ihnen noch sehr lebendig in Erinnerung ist? Vielleicht eine Erfahrung, wie Sie aus einem unverbindlichen religiösen Leben zu einer ganz persönlichen Gottesbeziehung fanden? Oder wie Sie aus Gleichgültigkeit gegenüber Gott durch eine Bekehrung Christ wurden?

Meine Frage ist: Können Sie von einem klaren Start ins Christsein berichten, oder ist das bei Ihnen nebulös?

Sehr häufig bin ich Menschen begegnet, die auf die Frage nach dem »Start ins Christsein« eine der folgenden Antworten gegeben haben:

»Ich habe schon immer an Jesus Christus geglaubt.«

»Ich bin in einem gläubigen Elternhaus aufgewachsen.«

»Ich gehe regelmäßig zur Kirche, bete und lese in der Bibel.«

»Ich bin in den Glauben hineingewachsen.«

Gelegentlich öffne ich nach solchen Antworten meine Bibel

und lese das vor, was Jesus Christus einem sehr frommen Theologen seiner Zeit in einem ernsten Nachtgespräch gesagt hat:

> *»Wahrlich, wahrlich, ich sage dir: Es sei denn, daß jemand von neuem geboren werde, so kann er das Reich Gottes nicht sehen.«*
>
> *(Johannes 3,3)*

Danach erkläre ich, daß die Wiedergeburt ein Ereignis ist, ein datierbares und lokalisierbares Ereignis. Das bedeutet jedoch nicht, daß ich unbedingt Datum und Ort dieses Ereignisses wissen muß. Aber ich muß wissen, daß es geschehen ist. Weil an dieser Stelle sehr viele Mißverständnisse aufbrechen, wiederhole ich: In der Bibel lesen wir nicht, daß wir das Datum unserer Wiedergeburt wissen müssen. Doch steht in ihr, daß wir eine Wiedergeburt erfahren haben müssen. Eine Erfahrung jedoch ist, auch wenn Zeit und Ort vergessen wurden, immer zu einer bestimmten Zeit und an einem bestimmten Ort geschehen. Deshalb gebraucht Jesus das Bild von der Geburt. Eine Geburt hat nichts mit Erziehung oder mit Wachstum zu tun. Eine Geburt geschieht. Vor einer Geburt ist eine Wachstumsphase, und nach der Geburt geht das Wachstum weiter, und es beginnt die Erziehung. Genau das überträgt Jesus auf den Start ins Christsein.

Viele jedoch, die sich Christen nennen, haben einen solchen notwendigen Start nie erlebt. Sie haben ihr »Christsein«, das im Grunde keines ist, aus »zweiter Hand« empfangen. Es ist nur christliche Erziehung, nur religiöses Erbe, aber keine persönliche Erfahrung. Es ist lebensgefährliche Selbsttäuschung, weil Gott es für ungültig erklärt. So hat Jesus Christus das sehr ernste religiöse Leben jenes Jerusalemer Theologieprofessors als vor Gott ungültig erklärt, indem er ihm sagte:

> *»Wahrlich, wahrlich, ich sage dir: Es sei denn, daß jemand von neuem geboren werde, so kann er das Reich Gottes nicht sehen.«*

Ich möchte dazu ein modernes Vergleichsbild verwenden, das ich immer wieder einmal gebrauche, um religiösen Menschen zu einem klaren Start zu verhelfen.

Stellen Sie sich einen 400-Meter-Lauf vor. Die Läufer knien an den Startblöcken. Mit dem Startschuß schnellen sie empor und jagen über die Aschenbahn dem Ziel zu. Plötzlich springt einer von der Zuschauertribüne herunter mitten auf die Aschenbahn und läuft mit. Selbst wenn er ein gutes Rennen machen würde, könnte sein Lauf nie anerkannt werden. Ein Rennen beginnt am Start. Ein Rennen beginnt unter ganz bestimmten Regeln. Wer sich hier nicht einordnet, wird disqualifiziert.

»Geht hinein durch die enge Pforte. Denn die Pforte ist weit, und der Weg ist breit, der zur Verdammnis führt, und viele sind's, die auf ihm hineingehen.« *(Matthäus 7, 13)*

Die »schmale Tür«, oder wie es die Lutherbibel sagt: die »enge Pforte« ist die »Startrampe« des Christseins. Der Start ins Christsein ist der Durchgang durch diese »schmale Tür«. Man kann also nicht einfach irgendwo einsteigen oder hineinspringen. Die »Spielregeln« sind festgelegt.

Aber warum reden wir hier so ausführlich über diese Anfangserfahrung des christlichen Glaubens? Was hat das mit Vollmacht zu tun? Die Antwort lautet: Vollmacht von Gott empfängt nur der, der einen »klaren Start« ins Christsein erlebt hat. Nur der bekommt Vollmacht, der durch die »schmale Tür« einer kompromißlosen Bekehrung hindurchgegangen ist, der von neuem geboren wurde. Denn die Vollmacht, die Gott gibt, ist die Vollmacht der Gotteskindschaft. Nur wer Gottes Kind ist, erhält alle weiteren Bevollmächtigungen, von denen die Bibel spricht. Dazu lesen wir in Johannes 1,12:

»Wie viele ihn aber aufnahmen, denen gab er Macht (Vollmacht), Gottes Kinder zu werden, denen, die an seinen Namen glauben.«

Um das Gesagte lebensnah zu illustrieren, möchte ich hier vier Interviews zum Thema »Start ins Christsein« weitergeben.

Interview mit Frau G. am 10. September 1983 während eines missionarischen Einsatzes in Ostfriesland. Frau G. ist verheiratet, Hausfrau, Mutter von zwei Kindern.

Frage: »Seit wann sind Sie Christ?«

Antwort: »Seit elf Jahren, genau gesagt: seit dem 11. Mai 1972.«

Frage: »Sie können das sehr konkret angeben. Mich würde interessieren, was Sie an diesem genannten Tag erlebt haben.«

Antwort: »Am Abend dieses Tages, es war nach einer evangelistischen Veranstaltung in einem Missionszelt, habe ich Jesus Christus mein Leben übergeben. Ich war von der Botschaft, daß Jesus Christus für meine Sünden starb, tief getroffen. Ich zitterte am ganzen Körper, als ich mit einem Seelsorger sprach. Danach beteten wir. Ich brachte nur den einen Satz über meine Lippen: Herr Jesus Christus, komme du in mein Herz! Das war der Beginn eines völlig neuen Lebens.«

Frage: »Wie haben Sie vor dieser Entscheidungsstunde gelebt, und was hat Sie dazu bewegt, Ihr Leben Jesus Christus zu übereignen?«

Antwort: »Ich komme aus einem unchristlichen Elternhaus. Bei uns gab es keine Bibel und kein Gebet. Obwohl ich getauft und konfirmiert wurde, blieb mein Herz unberührt. Mit 21 ging ich von Zuhause weg. Ich wollte das Leben genießen. In dieser Zeit bin ich viele Irrwege gegangen und lebte bewußt in der Sünde. Als ich 28 Jahre alt war, lernte ich meinen Mann kennen. In dieser Zeit fing ich auch an zu beten – allerdings zu dem unbekannten Gott. Ab und zu gingen wir auch in die Kirche. Entscheidend ist wohl, daß ich damals eine gläubige alte Dame kennenlernte, die für mich betete. Jahre später kam eine große Unruhe über mich. Obwohl ich alles hatte, einen lieben Mann, zwei gesunde Kinder, und im Wohlstand lebte, war ich mit nichts mehr zufrieden. Ich erkannte, daß das nicht der Sinn des Lebens sein konnte.

Da sah ich eines Tages ein Plakat mit der Aufschrift: Gute Nachricht: Jesus lebt! Es war eine Einladung zur Zeltmission. Ich ging hin und wurde schon am ersten Abend von der Botschaft so angesprochen, daß ich mich für Jesus Christus entscheiden wollte. Aber ich war wie gelähmt. Zwei Tage dauerte der Kampf. Am dritten Abend kam es dann zu diesem Übergabegebet. Ich nahm Jesus Christus als meinen Erlöser an.«

Frage: »Was haben Sie danach erlebt?«

Antwort: »Ich erinnere mich, daß ich ohne ein besonderes Gefühl nach Hause ging. Aber als ich am darauffolgenden Morgen betete, wußte ich genau, daß Jesus Christus da ist. Danach kam eine ganz große Freude in mein Herz. Ich wurde gewiß, errettet zu sein. Diese Gewißheit habe ich bis heute.

Einige Tage später stelle ich mich beim Entscheidungsruf im Missionszelt öffentlich auf die Seite Jesu. In den darauffolgenden Wochen wurden mir von Gott Sünden gezeigt, die ich in Ordnung zu bringen hatte. Seitdem lebe ich in einer wunderbaren Gemeinschaft mit meinem Vater im Himmel.«

Mir ist bewußt, daß Gott jeden Menschen anders führt. Aus diesem Grund gibt es auch keine Bekehrungserfahrung, die gleich wäre. Lebensführungen, Charakterveranlagung, Alter und vieles mehr sind dabei mitprägende Kriterien. Und doch gibt es auch gleichende Kennzeichen. Da ist z. B. die Phase, in der Gott das Leben eines Menschen in Frage stellt, oder die bewußte Hinwendung zu Gott, der dann die innere Gewißheit des Angenommenseins folgt. Hören Sie dazu noch ein weiteres Interview:

Herr R. aus D. ist Diplom-Ingenieur, Abteilungsleiter für Planung und Bau von Fernheizungen in einem Energieversorgungsunternehmen.

Frage: »Wie haben Sie Gott persönlich kennengelernt?«

Antwort: »Ich erinnere mich daran, daß ich als 15jähriger in einer furchtbaren Bombennacht im Mai 1943 zum ersten Mal bewußt hilfesuchend zu Jesus Christus geschrien habe. Wir wurden alle, trotz Bombeneinschlag, gerettet. Aber diese Erfahrung hatte keinen tiefgreifenden Einfluß auf mein Leben. Ich habe hinterher Gott wieder zur Seite gestellt.

Ein zweites Erlebnis hatte ich 1945 im Hungerlager in Heilbronn. Dort habe ich mit Gott gerungen. Ich gab ein Gelübde ab, mich zur Kirche und zu Gott zu halten, wenn ich aus diesem Lager wieder herauskäme. So wurde es, und ich habe das Gelübde über 34 Jahre gehalten. Ich ging zur Kirche und versuchte, ein christliches Leben zu führen. Aber ich hatte kein persönliches Verhältnis zu Jesus Christus. Ich ahnte, daß das

Christsein etwas anderes bedeuten mußte, als ich es lebte. Ich war ein suchender Mensch.

Bei einer Evangelisation wurden mir dann die Augen geöffnet. Der Missionar sagte damals: ›Es kann sein, daß uns ein Bereich unseres Lebens von Gott trennt.‹ Dabei nannte er neben schweren Delikten auch Beleidigtsein und Übertreibung. Das traf mich. Ich erkannte, daß ich mich ganz, ohne Wenn und Aber, Jesus Christus ausliefern mußte. Und das tat ich.«

Frage: »Können Sie sagen, wie Sie sich Jesus Christus ausgeliefert haben?«

Antwort: »Gemeinsam mit Brüdern und dem Missionar bat ich im Anschluß an eine der nächsten Veranstaltungen Jesus Christus in einem Gebet, mein ganzes Leben in seine Hand zu nehmen. Ich bat ihn, Herr meines Lebens zu sein. Das war der entscheidende Einstieg in ein neues Leben.«

Frage: »Und wie ging es dann weiter?«

Antwort: »Ich lernte Christen kennen, die mir ganz persönlich halfen, im Vertrauen zu Gott zu wachsen. Aber noch etwas geschah:

Nach und nach zeigte Gott mir Bereiche in meinem Leben, die nicht geordnet waren. Es belastete mein Gewissen. Nach inneren Kämpfen bekannte ich es in der Seelsorge. Die belastete Vergangenheit wurde so auf- und ausgeräumt. Das ergab eine herrliche Befreiung.

In meinem Leben hat sich sehr viel verändert. Ich bin durch Christus freier geworden im Denken, im Auftreten, im Handeln. Es ist mir ein besonderes Anliegen, die Freude und Freiheit, die ich durch Christus erfahren habe, an andere weiterzugeben. So schenkt Gott mir oft Gelegenheiten, meinen Glauben vor Vorgesetzten, Geschäftspartnern, Mitreisenden, Freunden, auch vor Reportern, Professoren und Ministern zu bekennen. Ich habe mich also nicht in eine fromme Ecke zurückgezogen. Ich lebe das Christsein bewußt im Alltag und in der Öffentlichkeit. Aber das Wichtigste ist für mich die persönliche Beziehung zu Gott im Gebet und im Hören auf sein Reden in der Bibel.«

Frage: »Können Sie noch eine zusammenfassende Aussage über Ihr Leben machen?«

Antwort: »Ja! Ich tue es mit den Worten des Sportreporters Dieter Kürten: ›Alles, was ich bin und habe, das habe ich aus Gott und Jesus Christus‹.«

Auch in diesem Lebensbericht erkennen wir den »klaren Start« ins Christsein. Nach vielen Jahren des zwar ernst gemeinten und doch nur äußeren Dazugehörens zur Kirche kam es zur klar ausgesprochenen Lebenshingabe an Jesus Christus. Das war die eigentliche Wende.

Auch in den beiden folgenden Interviews wird das sehr markant deutlich.

Anne ist 16 Jahre alt. Berlinerin. Hobbies: Reiten und Lesen. Das Gespräch wurde während einer Jugendkonferenz am 8.1.1984 geführt.

Frage: »Wie bist du zum Glauben an Jesus Christus gekommen?«

Antwort: »In unserer Schule gibt es einige Christen, die immer wieder mit anderen über ihren Glauben sprechen. Nun habe ich schon immer an Gott geglaubt und auch gelegentlich in der Bibel gelesen. Aber es war mehr eine Formsache. Das alles lief nebenbei. Ich erkannte das in den Diskussionen mit diesen Christen. Sie haben mich dann in ihren Jugendkreis eingeladen, und ich ging hin. Was mich zuerst faszinierte war die Gemeinschaft, die offene und liebevolle Art, in der sie miteinander umgingen. Das hat bei mir eingeschlagen. Ich erkannte, daß eine solche Gemeinschaft nur aus der persönlichen Verbindung mit Gott entstehen kann. Da wurde mir klar, daß ich eine Entscheidung für Jesus Christus treffen mußte.

Ich kann nicht mehr sagen, an welchem Tag ich diese Entscheidung getroffen habe. Aber es war nach einem Überlegungsprozeß, der eine Woche dauerte, vor ungefähr einem Jahr.«

Frage: »Was hat sich in dieser Woche konkret ereignet?«

Antwort: »Ich habe da gemerkt, daß Jesus Christus mein Leben haben will. Ich betete und sagte, daß ich ihm gehören will. Ich erinnere mich daran, daß ich danach ein befreiendes Gefühl hatte und das Wissen, jetzt sein Eigentum zu sein.«

Frage: »Du bist seit einem Jahr bewußt Christ. Was hat sich in diesem Jahr gegenüber deinem bisherigen Leben geändert?«

Antwort: »Dazu möchte ich zuerst sagen, daß es bei mir keine plötzliche Veränderung gab. Es geschah nach und nach. Da ist z. B. das Verhalten Zuhause. Meine Eltern sind ungläubig. Ich habe mich oft mit ihnen gestritten. Das hat aufgehört. Ich liebe jetzt meine Eltern und möchte sie für Jesus gewinnen. Dann habe ich Gott meine Lebensbereiche geöffnet und ihm auch meine Zeit zur Verfügung gestellt. Ich lebe bewußter.«

Frage: »Hast du ein klar umrissenes Ziel für dein Leben?«

Antwort: »Ich habe zwei Ziele. Nach dem Abitur möchte ich studieren und Tierärztin werden. Und ich möchte im Glauben, im Vertrauen zu Jesus Christus wachsen. Mein Leben soll Gott verherrlichen.«

Neben mir sitzt in einer Zelthalle in Ostfriesland ein junger Mann. Er ist Schüler. Ich stelle ihm einige Fragen.

Frage: »Hast du eine persönliche Beziehung zu Jesus Christus?«

Antwort: »Ja – seit dem 30.6.1983.«

Frage: »Das ist interessant. Berichte mir bitte, wie es dazu kam.«

Antwort: »Einige Monate vor meiner Entscheidung für Jesus Christus hatte ich einen schweren Autounfall. Während meines Krankenhausaufenthaltes besuchte uns jeden Mittwoch ein Christ. Er erzählte Geschichten aus der Bibel und sang mit uns christliche Lieder. Er machte auch das Angebot eines persönlichen Gesprächs, wenn wir den Wunsch hätten, Jesus Christus in unser Leben aufzunehmen. Ich wollte das, aber ich wagte nicht, mit diesem Mann darüber zu sprechen. So kam es zu keinem klaren Entschluß.

Nach meiner Entlassung aus dem Krankenhaus ging ich dann in einen christlichen Schülerkreis. Dabei merkte ich sehr schnell, daß mit meinem Christsein etwas nicht stimmte. Die anderen Christen in diesem Kreis waren anders als ich. Sie hatten Gewißheit, ich hatte Zweifel. Sie konnten beten, ich brachte das nicht fertig. Ich glaubte an Gott und an die Bibel, aber etwas Wesentliches schien mir noch zu fehlen.

In dieser Zeit wurde ich nach einem Gottesdienst von einer Frau angesprochen. Sie fragte mich, ob ich ein echter Christ sei. Offenbar sah sie meine Verwirrung, und so erklärte sie mir, wie man Christ werden kann. Danach fragte sie mich, ob ich Jesus Christus in mein Leben aufnehmen möchte. Ich wollte das ja schon seit dem Krankenhausaufenthalt. So kam es an diesem Abend zu einer Lebensentscheidung für Christus. Ich bekannte meine Sünden und bat Jesus Christus, Herr meines Lebens zu werden. Dabei erlebte ich eine tiefe Befreiung. Später wurde mir bewußt, daß das die Erfahrung meiner Wiedergeburt war.«

Frage: »Du bist seit einigen Monaten Christ. Was würdest du als hervorstechendes Merkmal dieser Monate nennen?«

Antwort: »Jetzt lebe ich wirklich. Vorher war ich wie tot. Um mich freuen zu können, habe ich immer etwas Besonderes gebraucht – Geschenke oder ein Erlebnis. Seit dem Tag, an dem ich Jesus annahm, habe ich Freude in mir.«

Vier »Starterfahrungen« mit Gott. Menschen aus drei Generationen. Menschen mit verschiedener Persönlichkeitsstruktur und aus unterschiedlich sozialer Schichtung. Aber an einer Stelle kommen sie sich sehr nahe: in dem persönlichen Erlebnis der Lebenshingabe an Jesus Christus. Und das ist der Punkt, der uns in diesem Kapitel besonders beschäftigen soll. Denn hier werde ich die Bereiche aufzeigen, die ein Mensch durchschreiten muß, um Christ werden zu können. Dabei möchte ich eine schematische Darstellung verwenden, die als Orientierungshilfe für die eigene Standortbestimmung dienen kann. Sie kann aber auch im Seelsorgegespräch eine Hilfe sein, um dem Gesprächspartner die Augen über seinen inneren Zustand zu öffnen.

1. Bereich: Der Tod im Geist

Eine der wichtigsten Erkenntnisse für vollmächtige Seelsorge ist die in der Bibel klar bezeugte Tatsache, daß jeder Mensch innerlich getrennt von Gott geboren wird. Das ist die »Erbschuld«, die von Adam her auf jedem Menschen liegt. Als

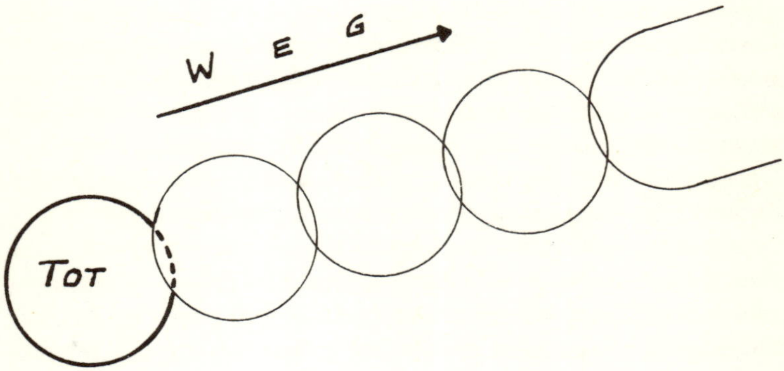

Adam sich durch den Schritt des Ungehorsams von Gott trennte, trennte sich die von ihm abstammende Menschheit von Gott. Dazu einige Bibelzitate:

> *»Dennoch herrschte der Tod von Adam bis Mose auch über die, die nicht gesündigt hatten durch die gleiche Übertretung wie Adam.«* *(Römer 5,14)*
>
> *»Wegen der Sünde des Einen (Adam) hat der Tod geherrscht durch den Einen.«* *(Römer 5,17)*
>
> *»Wie nun durch die Sünde des Einen die Verdammnis über alle Menschen gekommen ist, so ist auch durch die Gerechtigkeit des Einen (Jesus Christus) für alle Menschen die Rechtfertigung gekommen, die zum Leben führt. Denn wie durch den Ungehorsam des einen Menschen die Vielen zu Sündern geworden sind, so werden auch durch den Gehorsam des Einen die Vielen zu Gerechten.«* *(Römer 5, 18.19)*

»Denn wie sie in Adam alle sterben, so werden sie in Christus alle lebendig gemacht werden.« *(1. Korinther 15,22)*

Diese biblischen Aussagen bezeugen, daß Adam es war, der die Weiche für die gesamte Menschheit in die falsche Richtung gestellt hat. Er betrat als Erster die Straße des Todes, die Straße des inneren Getrenntseins von Gott. Alle, die seine Nachkommen sind, wurden und werden nun auf dieser Straße des Verderbens geboren.

Nehmen wir einmal an, es gäbe die Möglichkeit, mit einem Raumschiff in ein viele Lichtjahre entferntes Planetensystem zu reisen. Dieser Weltraumflug dauerte allerdings 400 Jahre, und ein junges Astronautenehepaar würde sich zu diesem Flug entschließen. Viele Jahre vergehen. Sie bekommen Kinder. Diese werden im Raumschiff geboren und erwachsen. Da noch andere Ehepaare mitfliegen, können sie heiraten und sich so vermehren. Vielleicht möchten die Enkelkinder nicht in diesem Raumschiff leben. Sie sehnen sich nach dem »blauen Planeten«, von denen ihnen die Großeltern berichten. Aber sie können nicht zurück. Sie hatten nie die Wahl. Sie wurden hier geboren und werden hier sterben.

Das ist ein modernes Vergleichsbild zu den oben genannten biblischen Texten. Wir sind Nachkommen Adams, und so liegt über uns von Beginn unseres Lebens an der Fluch der Trennung von Gott. Das ist das grauenhafte Erbe, das wir antreten, wenn wir geboren werden. Es ist sinnlos, sich dagegen aufzulehnen oder sich deswegen zu bemitleiden. Und es ist gefährlich, deswegen zu resignieren oder vor dieser Tatsache die Augen zu verschließen. Die Bibel will uns die Augen öffnen für das, was durch Adam geschehen ist, um uns dann auch die Augen öffnen zu können für das, was Jesus Christus als Retter der Welt getan hat. Wer die Katastrophe des Adam nicht begreift, wird auch die Rettungstat des Sohnes Gottes nicht verstehen.

Jesus Christus sagte zu Paulus:

»Du sollst ihnen die Augen auftun, daß sie sich bekehren von der Finsternis zum Licht.« *(Apostelgeschichte 26.18)*

»Die Augen auftun« – das hat etwas mit Durchblick zu tun.

Und diesen Durchblick braucht der, der sich zu Jesus Christus bekehren will.

Was heißt das nun »tot im Geist«? Um diese Aussage verstehen zu können, müssen wir uns das Menschenbild der Bibel vor Augen halten. Im 1. Thessalonicherbrief 5,23 lesen wir dazu:

> *»Der Gott des Friedens heilige euch durch und durch und bewahre euren Geist samt Seele und Leib unversehrt, untadelig für die Ankunft unseres Herrn Jesus Christus.«*

»Geist, Seele, Leib« – sind die Bereiche, die den Menschen ausmachen. Wenn wir hier von »tot im Geist« sprechen, dann ist damit nicht das körperliche Sterben gemeint, das Aufhören der irdischen Existenz, sondern ein »Gestorbensein« im Bereich des Geistes, dort also, wo der Mensch Gott erkennen kann und

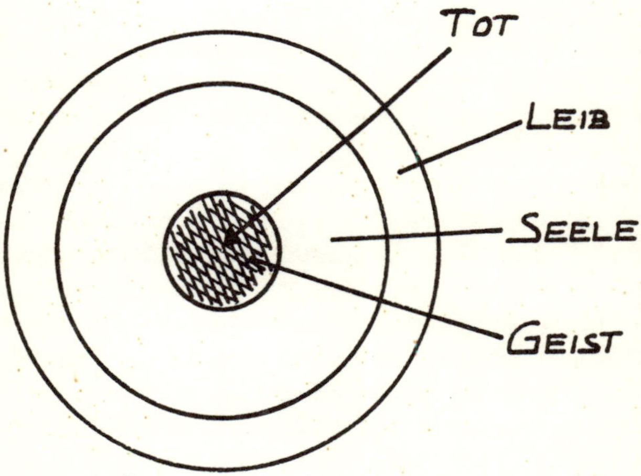

wo er mit Gott Gemeinschaft haben kann. Darum nennt der Apostel Paulus den Menschen, der durch die Trennung von Gott in seinem Geist tot ist, den »seelischen Menschen«:

> *»Der natürliche (im Grundtext: »seelische«) Mensch vernimmt nichts vom Geist Gottes; es ist ihm eine Torheit, und er kann es nicht erkennen; denn es muß geistlich beurteilt werden.«*
>
> *(1. Korinther 2, 14)*

Wir wollen hier kurz das Ereignis des Sündenfalls streifen. Gott sprach im Paradies:

»Du darfst essen von allen Bäumen im Garten, aber von dem Baum der Erkenntnis des Guten und Bösen sollst du nicht essen; denn an dem Tage, da du von ihm issest, mußt du des Todes sterben.« *(1. Mose 2, 16.17)*

Hören wir noch einmal genau hin: »...an dem Tage mußt du des Todes sterben.« Nun starb Adam an diesem Tag der Loslösung von Gott nicht körperlich. Und dennoch starb er – nämlich in seinem Geist. Körper und Seele lebten weiter, aber der Geist erstarb. Das ist der Grund, warum Paulus den Menschen nach dem Sündenfall, den noch nicht wiedergeborenen Menschen, den »seelischen Menschen« nennt. Bis zum Sündenfall wurde Adam vom Geist bestimmt, nach dem Fall bestimmte ihn die Seele. Vorher führte ihn der Geist, dann mußte die Führung die Seele übernehmen. Der Sündenfalll und damit verbunden der Tod im Geist, brachte also die Schöpfungsordnung Gottes im Menschen völlig durcheinander. Eine Katastrophe spielte sich im Innersten des Menschen ab. Und davon ist jeder Mensch und ebenso auch die Umwelt, die der Mensch gestaltet, geprägt.

Dieser »Tod im Geist« wird an markanten Stellen des Neuen Testaments bezeugt.

Jesus Christus sprach davon. Es geschah auf einer Landstraße. Er hatte gerade einen Mann in seine Nachfolge gerufen. Der aber entschuldigte sich mit den Worten:

»Herr, erlaube mir, daß ich zuvor hingehe und meinen Vater begrabe.« *(Lukas 9, 59)*

Diesem Mann antwortete Jesus:

»Laß die Toten ihre Toten begraben; du aber geh hin und verkündige das Reich Gottes.« *(Lukas 9, 60)*

Keiner wird diese Aussage Jesu begreifen (»Laß die Toten ihre Toten begraben«), der nicht die Grundwahrheit der Bibel über den geistlichen Tod erfaßt hat. Hier setzt Jesus Prioritäten. Wer durch Glauben an ihn und Wiedergeburt zum neuen Leben gefunden hat, der soll nun auch zuerst und vor allem ein Bote dieses neuen Lebens sein. An dieser Stelle bezeugt Jesus die Tatsache des »Todes im Geist«.

Oder denken Sie bitte an das bekannte Gleichnis vom »verlorenen Sohn«. Als jener junge Mann nach Orgien und Irrwegen endlich bereit ist, nach Hause zurückzukehren, hören wir aus dem Mund des Vaters die Worte:

»Dieser mein Sohn war tot und ist wieder lebendig geworden.«

(Lukas 15, 24)

»Mein Sohn war tot.« Stimmt nicht! werden viele kopfschüttelnd sagen. Dieser Typ hat sich doch mit Prostituierten herumgetrieben. Er war Nacht für Nacht auf »St. Pauli« zu sehen, bis sein Konto in den roten Zahlen stand. Schließlich landete er auf »Parkbank 17«. Ein tragischer Fall – aber von Tod kann doch keine Rede sein. Verloren? Ja! Heruntergekommen? Ja! Aber nicht tot. In der Bibel jedoch lesen wir: »Dieser mein Sohn war tot.«

Es gibt keinen Zweifel daran, daß Jesus auch hier von dem »Tod im Geist« sprach, von der Auswirkung des Getrenntseins von Gott.

Der Apostel Paulus greift dieses Thema in seinen Briefen ebenfalls auf. An die Christengemeinden in Kleinasien schreibt er:

»Auch ihr wart tot durch eure Übertretungen und Sünden, in denen ihr früher gelebt habt nach der Art dieser Welt, unter dem Mächtigen, der in der Luft herrscht, nämlich dem Geist, der zu dieser Zeit am Werk ist in den Kindern des Ungehorsams. Unter ihnen haben auch wir alle einst unser Leben geführt in den Begierden unsres Fleisches und taten den Willen des Fleisches und der Sinne und waren Kinder des Zorns von Natur wie auch die andern. Aber Gott, der reich ist an Barmherzigkeit, hat in seiner großen Liebe, mit der er uns geliebt hat, auch uns, die wir tot waren in Sünden, mit Christus lebendig gemacht.«

(Epheser 2, 1–5)

Im 1. Vers sagt Paulus: »Auch ihr wart tot.« Im 5. Vers bezieht er sich und sein Team mit ein, indem er schreibt: »Wir waren in Sünden tot.«

Ein ähnliches Wort richtet er an die Gemeinde in Kolossä:

> *»Gott hat euch mit Jesus lebendig gemacht, die ihr tot wart in den Sünden und in der Unbeschnittenheit eures Fleisches.«*
>
> *(Kolosser 2, 13)*

Hier ist völlig klar, daß Paulus nicht vom körperlichen Tod spricht. Er hat weder in Kleinasien noch in Kolossä den Toten gepredigt. Er hatte vitale Menschen vor sich. Einige waren so vital, daß sie ihn ins Gefängnis warfen, ihn steinigten, ihn vertrieben. Sie waren nicht tot und waren doch tot. Sie waren innerlich tot durch ihr Getrenntsein von Gott. Dann nahmen einige von ihnen Jesus Christus als Herrn und Erlöser an, und dadurch kamen sie zum Leben, zu einem neuen Leben, zum Leben im Geist durch die wiederhergestellte Gemeinschaft mit Gott.

Gilt diese biblische Diagnose »tot in Sünden« auch für das »christliche Abendland« – auch für ein Land wie Deutschland, in dem noch rund 90 % der Bevölkerung getauft sind und einer der großen christlichen Kirchen angehören? Hebt die Taufe, hebt die Zugehörigkeit zu einer Kirche das »tot in Sünden« auf? Nein! Eine äußerliche Handlung kann keine innere Veränderung bewirken. Wenn »Leben« Gemeinschaft mit Gott bedeutet, dann haben wenige von den 90 % Christen dieses Leben. So gibt es eigentlich keinen gravierenden Unterschied zwischen den Bewohnern des kleinasiatischen Raumes damals und der Masse der heute lebenden Menschen. Der Unterschied besteht lediglich darin, daß die Menschen damals den Namen Jesus noch nie gehört hatten und das der heute in unseren Breitengraden lebende Mensch den Namen kennt, aber damit sehr oft eine völlig falsche Vorstellung verbindet. Damals wußte man nichts, heute weiß man etwas Unzureichendes, Halbwahrheiten, die den Zugang zum Glauben erst recht blockieren.

Machen Sie selbst einen Test. Fragen Sie Ihre Nachbarn, Ihre Arbeitskollegen, den Mitschüler, die Mitschülerin. Fragen Sie nach dem Evangelium. Fragen Sie, wer Jesus war. Sie werden erschreckende Feststellungen machen. Fragen Sie bitte nicht nach Kirchenzugehörigkeit, nicht nach guten Taten oder mitmenschlichem Verhalten. In diesen Bereichen haben noch viele etwas auf Lager. Aber darum geht es ja nicht, sondern um »Leben«, um die persönliche Beziehung des Menschen zu Gott. Das ist gefragt – und hier werden Sie seltsame Entdeckungen machen: Viele werden dabei sehr schnell auf ein anderes Thema umsteigen, sie werden die Friedensfrage hervorziehen oder das Elend in der dritten Welt oder den Overkill. Andere werden sie sprachlos anschauen und schweigend aussteigen. Und einige werden bestimmt aggressiv reagieren.

Ich habe dazu keine Statistik, aber aus meiner Erfahrung, die ich durch viele Gespräche in unserem Land gewonnen habe, ist die Zahl derer, die die Bibel unter die »Toten« einordnet, bedrängend groß. Wir begegnen diesen Menschen auf Schritt und Tritt. Sie sind in unseren Familien, in unseren Klassen und Fabrikräumen. Sie sind eine Handbreit neben uns. Man kann sich mit ihnen über vieles vernünftig unterhalten. Aber bei dem Thema »Jesus Christus« kommt das »Pausezeichen«, kommen die stereotypen Redewendungen, die Schlagworte.

Da und dort predige ich in den Fußgängerzonen unserer Großstädte. Ich wünschte, Sie könnten nur einmal einige Minuten dabei sein. Die Reaktionen vieler Menschen, die vorübereilen, sprechen Bände. Die meisten reagieren in der Tat wie die »Toten«, nämlich überhaupt nicht. Einige lächeln überlegen, und einige schimpfen. Nur wenige bleiben stehen und hören für kurze Zeit zu. In solchen Situationen wird sehr schnell die Gottentfremdung unserer Generationen deutlich: »tot in Sünden«.

Noch einen biblischen Zeugen möchte ich dazu nennen: Johannes. Er schreibt:

> *»Wir wissen, daß wir aus dem Tod in das Leben gekommen sind; denn wir lieben die Brüder.«* *(1. Johannes 3, 14)*

». . .aus dem Tod in das Leben«. Das ist auch bei Johannes nicht nur eine Umschreibung, eine »Schwarz-weiß-Formulierung«, um vielleicht ein prägendes Ereignis zu veranschaulichen. Es ist auch hier eine geistliche Wirklichkeit. Johannes spricht im »Wir-Stil«. Er bezieht sich in dieses »Aus-dem-Todins-Leben«-Ereignis mit ein. Nun war Johannes kein Heide. Er hatte als Jude einen frommen Hintergrund. Aber gerade daran wird deutlich, daß kein Mensch »intakt« auf die Welt kommt. Wir haben alle von Anfang an einen »Schaden«, einen entscheidenden »Defekt« – eben diesen Tod im Geist. Wir werden eben nicht als Menschen geboren, wie Gott sie ursprünglich konzipiert hat. Nur einen gab es, der nach Adam als vollkommener Mensch geboren wurde: Jesus Christus. Jesus war auch der einzige Mensch, der nicht Nachkomme Adams war, denn er wurde zwar von einer Frau geboren, aber nicht von einem Mann gezeugt. Die Bibel sagt:

> *»Die Geburt Jesu Christi geschah aber so: Als Maria, seine Mutter, dem Josef vertraut war, fand es sich, ehe er sie heimholte, daß sie schwanger war von dem heiligen Geist.«* (Matthäus 1, 18)

An dieser Stelle wird die Fluchlinie des Adam unterbrochen. Hier ist der eine Mensch, der von Anfang an so war, wie Gott

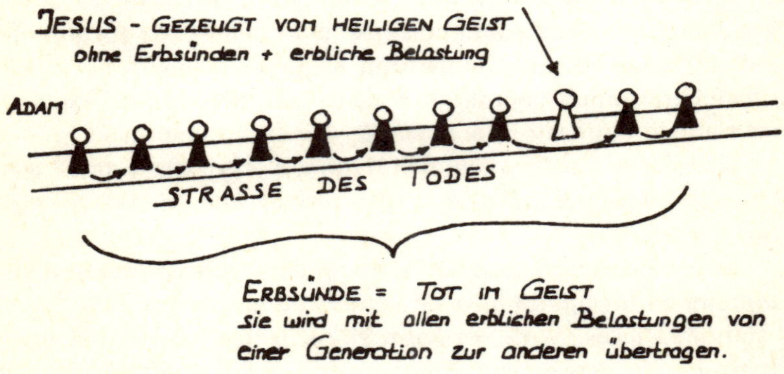

den Menschen gedacht hatte. Und weil dieser Eine, Jesus Christus, nicht auf der Straße des Todes geboren wurde, darum konnte er der Bringer des neuen Lebens werden. Wäre Jesus Christus in der Linie des Adam geboren worden, hätte er selbst der Erlösung bedurft. Jesus Christus aber war von der ersten Sekunde seines irdischen Lebens an vollkommen. Darum bezeugt die Bibel:

»Der keine Sünde getan hat und in dessen Mund sich kein Betrug fand.« *(1. Petrus 2,22)*

Im Gegensatz dazu lesen wir vom Menschen:

»Wenn wir sagen, wir haben keine Sünde, so betrügen wir uns selbst.« *(1. Johannes 1, 8)*

Der Eine, der von Anfang an Leben hat und der von sich sagen konnte: »Ich bin das Leben«, steht nun allen gegenüber, die im Tod sind. Er lädt alle ein, ihm zu vertrauen, um dadurch zu diesem Leben im Geist, zum unvergänglichen Leben, zum Leben aus Gott zu gelangen. Er sagt:

»Ich bin die Auferstehung und das Leben. Wer an mich glaubt, der wird leben, auch wenn er stirbt; und wer lebt und glaubt an mich, der wird nimmermehr sterben.« *(Johannes 11, 25.26)*

Diese Einladung zum Leben ist eine Einladung zur Gemeinschaft mit Gott, eine Einladung an den noch von der Seele gesteuerten Menschen, dem »seelischen Menschen«. Ich erinnere noch einmal an die Aussage des Paulus hierzu:

»Der natürliche (seelische) Mensch aber vernimmt nichts vom Geist Gottes, es ist ihm eine Torheit, und er kann es nicht erkennen.« *(1. Korinther 2, 14)*

Der seelische Mensch kann das, was von Gott kommt, nicht verstehen. Er hat dafür noch keine Antenne, keine Empfangsstation. Dieses Wort, »er kann es nicht verstehen«, hat mich barmherzig gemacht im Umgang mit nicht wiedergeborenen Menschen. Sie können es nicht, wenn Gott ihnen nicht das »Herz öffnet«. Das aber will Gott. Er hat es bei jener Frau, Lydia mit Namen, in Philippi getan. Er hat es bei Paulus getan. Er hat es bei den 3000 am ersten Pfingstfest getan. Er tut es heute. Und wenn Gott das tut, dann gibt es ein erstes entscheidendes

Aufhorchen, ein erstes »geistliches Aha-Erlebnis«. Dieses Erlebnis nennt die Bibel Erweckung. Das ist der zweite Bereich, in den der Mensch auf der Straße zum Christsein geführt wird.

2. Bereich: Das Erwachen im Geist

Eigentlich gibt es nur einen Anknüpfungspunkt, nur eine Stelle, wo der Mensch noch von der Ewigkeit her erreichbar ist: das Gewissen. Darum ist das Gewissen sozusagen die Tür zum

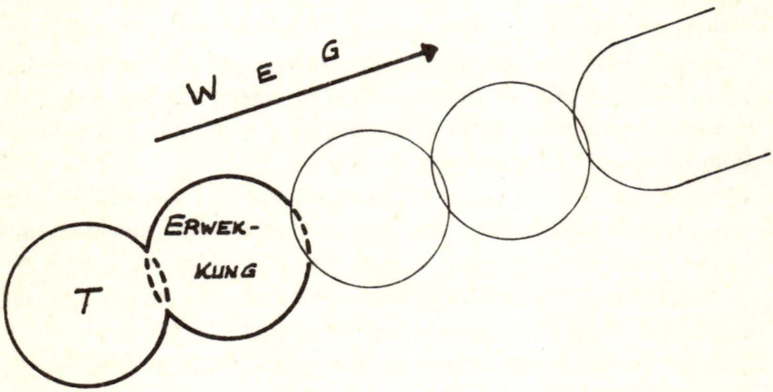

Geist. Gott benutzt diese Tür des Gewissens, wenn er den geistlich toten Menschen anspricht. Gott zielt nicht auf den Verstand oder auf den Willen oder auf das Gefühl – er zielt auf das Gewissen. Dabei werden Verstand, Wille und Gefühl mit einbezogen, aber sie sind nicht Zielpunkt, sondern lediglich Berührungspunkt. Nur wer im Gewissen von Gott getroffen wird, erwacht. Er wird in Frage gestellt und dadurch fragend. Das heißt aber nicht, daß der im Gewissen getroffene Mensch wirklich umkehrt und zu Gott zurückfindet. Er kann sich auch verschließen, verhärten oder gleichgültig zur Tagesordnung übergehen.

In der Bibel lesen wir:

»Verachtest du den Reichtum seiner Güte, Geduld und Langmut? Weißt du nicht, daß dich Gottes Güte zur Buße leitet?«

(Römer 2, 4)

Vor vielen Jahren lernte ich einen jungen Mann kennen, der mir von einem erlebten Wunder staunend berichtete:

Er war mit seinem Motorrad unterwegs. An einem Bahnübergang, an dem die Schranken gerade geschlossen wurden, mußte er eine Vollbremsung machen. Dabei kam die Maschine ins Schleudern und überschlug sich. Er wurde in die Schienen geschleudert. Der Zug rollte über ihn hinweg. Außer einigen Schürfwunden blieb er unverletzt. Schon das war ein Wunder. Aber das noch größere Wunder war, daß gerade an diesem Tag die Lokomotive ausgetauscht worden war. Die Maschine, die sonst auf dieser Strecke fuhr, war so tiefliegend konstruiert, daß sie den zwischen den Schienen liegenden Mann erdrückt hätte.

Dieser junge Mann registrierte das Erlebnis als Wunder Gottes. Es traf auch irgendwie sein Gewissen. Aber er war nicht bereit, sich jetzt Gott anzuvertrauen. Ich habe darüber mit ihm in einer Nachtstunde gesprochen, aber er wollte sein Leben nicht ändern. Das Erlebnis bewegte seine Gefühle, aber es veränderte nicht sein Leben.

Auch ein nur verstandesmäßiges Bejahen des Evangeliums ist noch kein Getroffensein im Gewissen.

Immer wieder begegne ich Menschen, die die rettende Botschaft der Bibel begriffen haben. Im Bereich Ihres Denkens sagen sie ja zum Evangelium. Ihre gesamte Persönlichkeit aber ist davon nicht bewegt. Sie haben eine Lehre begriffen, aber sie sind nicht von Jesus Christus ergriffen. Ihr Gewissen wurde nie getroffen. Sie sahen sich noch nie als Verlorene, als von Gott getrennte Menschen. Sie waren noch nie über sich selbst und den Zustand ihres Herzens betroffen. Sie waren wie Menschen, die Bücher über Liebe und Ehe gelesen hatten und die Bedeutung der Liebe anerkannten, aber die selbst noch nie verliebt waren. Theorie ist noch keine Praxis. Lehre ist noch kein Leben. Wissen ist noch lange nicht Sein.

Gott möchte unser Gewissen treffen, wenn er uns begegnet. Es geht um ein tiefes inneres Erwachen, das immer Erschütterung auslöst.

Die Bibel zeichnet einige markante Bilder über diesen Erwekkungsprozeß. Da ist z. B. der Bericht über das Erwachen Tausender an jenem denkwürdigen Pfingsttag, als der Heilige Geist ausgegossen wurde. Der entscheidende Punkt dieses Ereignisses ist in Apostelgeschichte 2,37 zusammengefaßt:

> *»Als sie aber das hörten, ging's ihnen durchs Herz, und sie sprachen zu Petrus und den andern Aposteln: Ihr Männer, liebe Brüder, was sollen wir tun?«*

Das ist zugleich die beste Dokumentation von dem, was die Bibel unter »Erweckung« versteht. Sie ist zusammengefaßt in den Worten: »Da ging's ihnen durchs Herz.« Wer in seinem Herzen getroffen ist, der diskutiert nicht, der philosophiert nicht, der theologisiert nicht, sondern er fragt. Er fragt nicht intelektuell, sondern existentiell. Er fragt nicht mit seinem »Verstand«, sondern mit seinem Herzen. Er fragt mit seinem ganzen Wesen. Dreitausend fragten damals: »Was müssen wir tun?« Das war die Frage, die ihr Leben total veränderte. Wie kam es dazu? Was traf die Menschen damals so tiefgreifend? Der biblische Bericht gibt Antwort:

Hier redet ein Mann, der vom Heiligen Geist erfüllt ist

»Eine Predigt ist noch keine Botschaft«, sagte einmal ein älterer Pastor zu mir. Ich habe die Wahrheit dieser Aussage oft erfahren. Eine Predigt kann man »anfertigen«. Man kann Kommentare lesen und viele Seiten schreiben. Ein Prediger sollte an dieser Stelle auch gründlich arbeiten, aber er muß wissen, daß das noch keine Botschaft ist. Die Predigt wird zur Botschaft, wenn mich der Geist Gottes erfüllt, wenn er mich treibt und bewegt.

Ich erlebte eine Zeit der Erweckung, wo Gottes Geist machtvoll wirkte. In dieser Zeit hatte ich selten eine ausgearbeitete

Predigt. Ich hatte gar keine Zeit, lange genug hinter dem Schreibtisch zu sitzen; denn ich predigte täglich morgens auf dem Schulhof, mittags in der Teestube und am Abend in der Gemeinde. Doch das Wunderbare geschah: Gott gab mir eine Botschaft. Menschen wurden im Gewissen getroffen und entschieden sich für Jesus Christus. Ich erinnere mich aber auch an Zeiten, in denen ich eine »Predigt in der Tasche« hatte, aber keine Botschaft im Herzen. Was ich sagte, war theologisch richtig, aber es berührte keinen Menschen.

Petrus hatte an jenem Pfingsttag eine Botschaft, die die Herzen erschütterte. Er war erfüllt mit dem Heiligen Geist, und das ist das Geheimnis der Vollmacht. Es muß neu erkannt werden: Menschen werden dort erweckt, wo Prediger des Evangeliums im Heiligen Geist predigen. Nur wer ein brennendes Herz hat, kann andere entzünden. Eis hat noch nie einen Waldbrand verursacht. Kühle Prediger haben noch nie Menschen für Christus gewonnen. Am ersten Pfingstfest brach in Jerusalem ein Feuer aus, weil Jünger Jesu »brannten«. Jesus Christus hat gesagt:

> *»Ich bin gekommen, um ein Feuer anzuzünden auf Erden; was wollte ich lieber, als daß es schon brennte!«* *(Lukas 12, 49)*

Hier wird das Evangelium verkündigt

Menschen werden erweckt, wenn das Evangelium der Bibel gepredigt wird. Das muß klar auf den Leuchter gestellt werden. Alles, was sonst noch in der Kirche geschieht, ist bestenfalls Randverzierung. Es kann Zubringerdienste leisten, aber es darf nicht die Hauptsache, das Evangelium, verdecken.

Was ist Evangelium? Die Pfingstpredigt gibt darauf Antwort: Das Evangelium ist Jesus selbst. 26 Mal ist von ihm in den 24 Versen der Pfingstpredigt die Rede.

Mit zwei Zeugen Jehovas habe ich das einmal durchdiskutiert. Sie hatten bereits in den ersten Sätzen ihre »Spezialplatte« vom Königreich Gottes aufgelegt. Ich unterbrach sie und nagelte sie unerbittlich fest, mit mir Vers für Vers die Pfingstrede zu lesen. Ich forderte sie auf, alle Stellen laut zu lesen, die vom Königreich Gottes reden. Es wurde sehr ruhig. Dann zeigte ich ihnen, wie oft Petrus von Jesus spricht. Leider haben sie sich danach sehr schnell verabschiedet.

Ähnliches erlebte ich bei einem Freigottesdienst auf dem Schloßplatz in Stuttgart mit einer schwärmerischen Gruppe. Die Leute hörten mir eine Zeitlang zu und sagten dann zu einer Mitarbeiterin: »Das ist alles richtig, was der Redner sagt. Aber es ist nicht das ganze Evangelium.«

»Was fehlt denn?« fragte die Mitarbeiterin.

»Er spricht nicht vom Heiligen Geist«, war die Antwort.

Später habe ich meinen Mitarbeitern gesagt: »Man spricht in der missionarischen Predigt nicht vom Heiligen Geist, sondern man spricht im Heiligen Geist von Jesus, dem Retter der Welt.«

Durch »fromme Spezialmacken« wird kein Mensch im Gewissen erweckt und für Christus gewonnen. Dafür haben wir in der Kirchengeschichte Beispiele genug. »Was Christus treibt« muß das Motto jeder Predigt, unseres Zeugnisses und aller Glaubensgespräche sein.

Petrus spricht von Jesus Christus, dem Gekreuzigten (Verse 23 + 36). Er spricht von Jesus Christus, dem Auferstandenen (Verse 24–32). Er spricht von Jesus Christus, dem Weltvollender (Verse 34–36). Und er spricht von Jesus Christus, dem Retter (Vers 21). Und genau da ereignet sich das Wunder der Erwekkung.

Hier werden Menschen im Gewissen erschüttert

Noch einmal nenne ich die geradezu klassische Aussage, die die Wirkung der Pfingstpredigt beschreibt:

> *»Als sie aber das hörten, ging's ihnen durchs Herz.«*
>
> *(Apostelgeschichte 2,37)*

Achten wir bitte genau darauf, was hier gesagt wird: »Als sie das hörten.« Sie hörten Evangelium, keine Friedensappelle. Sie hörten Evangelium, keine sozialen Parolen. Sie hörten Evangelium, keine revolutionären Befreiungsrufe. Sie hörten Evangelium, keine mitmenschlichen Streicheleinheiten. Es ist das Evangelium, das erschüttert: »...ging's ihnen durchs Herz.«

Es wird nicht gesagt, daß es ihnen »durch den Verstand« ging. Wir lesen auch nicht, daß es ihnen »durch das Gefühl« ging. Die Bibel spricht davon, daß es ihnen »durch das Herz« ging. Mit Herz ist das Zentrum des Menschen gemeint, der Bereich, der alles Innere und Wesenhafte erfaßt. Das Herz ist der Brennpunkt der gesamten Persönlichkeit. Genau dort wurden die Zuhörer vom Wort Gottes getroffen. Das löste Erschütterung aus, nicht Jubel. Der Boden wurde ihnen unter ihren Füßen weggerissen. Wenn sie sich bis zu diesem Augenblick in ihrer Religiosität – sie waren ja schließlich zur Anbetung nach Jerusalem gekommen – auf dem rechten Weg fühlten, so wußten sie jetzt, daß sie sich auf der Straße des Verderbens befanden. Sie erkannten ihre Sünde und sahen ihre Verlorenheit vor Gott.

Darum gab es für sie nur eine Frage, und die war wie ein Hilfeschrei:

»Ihr Männer, liebe Brüder, was sollen wir tun?«

(Apostelgeschichte 2,37)

Petrus gab ihnen klare Anweisungen. Er beruhigte sie nicht, sondern forderte sie auf, gerade jetzt klare Schritte zu tun.

Das nun Folgende gehört eigentlich in den nächsten Punkt dieses Kapitels. Ich möchte es hier dennoch kurz andeuten, um den biblischen Bericht nicht zu zerreißen. Was sagt Petrus diesen erweckten Leuten?

Er ruft sie zur Umkehr: »Tut Buße!« Buße heißt totale Lebenskorrektur. Im Sinne des Neuen Testamentes meint es eine Bindung mit ganzem Herzen an Jesus Christus.

Er ruft sie zur Taufe: »Ein jeder lasse sich taufen auf den Namen Jesu Christi.« Diese öffentliche Taufe war zugleich ein öffentliches Bekenntnis, ein Bekenntnis zu dem gekreuzigten und auferstandenen Christus. Dieses Bekenntnis brach die Brücken zum alten Leben ab. Ein neues Leben begann.

Erweckung! Spüren wir in diesem biblischen Bericht nicht eine gewaltige Bewegung?

Sehen wir uns unter diesem Gesichtspunkt »Erweckung« einen weiteren biblischen Bericht an. Wir finden ihn in Apostelgeschichte 16, 23–33.

Die beiden Missionare, Paulus und Silas, waren bei ihrem ersten Aufenthalt in Europa in der Stadt Philippi in Schwierigkeiten geraten. Die Botschaft von Jesus Christus hatte die Menschen dort in helle Aufregung versetzt. Sollte das, was sie bis jetzt geglaubt hatten, falsch gewesen sein? Wie konnte dieser Ausländer es wagen, ihre Religion und ihr Leben in Frage zu stellen? So schleppten sie beide Apostel vor das Rathaus der Stadt, und dort wurden sie ohne Verhör ausgepeitscht. Danach brachte man sie in ein Gefängnis. Der dienstbeflissene Gefängnisaufseher warf sie in das innerste Verlies und spannte sie dort in ein Foltergerät. Gegen Mitternacht aber wurde er aus dem Schlaf gerissen. Ein gewaltiger Erdstoß erschütterte das Gefängnis. Türen wurden aus den Angeln gedrückt. Das Foltergerät, in dem Paulus und Silas eingespannt waren, brach auseinander. Die Ketten fielen von den Händen der Gefangenen. Die Bibel berichtet:

> *»Da forderte der Aufseher ein Licht und stürzte hinein und fiel zitternd Paulus und Silas zu Füßen. Und er führte sie heraus und sprach: Liebe Herren, was muß ich tun, daß ich gerettet werde?«* *(Apostelgeschichte 16, 29.30)*

Da ist sie wieder, diese Frage, die die Erweckung charakterisiert: »Was muß ich tun, damit ich gerettet werde?« – »Was sollen wir tun?« fragten 3000 an jenem Pfingstfest in Jerusalem. »Was muß ich tun?« fragt einer in der Erdbebennacht in Philippi. Das ist die Frage der Erweckten. Das ist die Frage der Leute, die von Gott getroffen sind. Diese Frage löst alle anderen wichtigen oder unwichtigen Fragen des Lebens ab. Sie wird zur zentralen Frage, zur Lebensfrage.

Wie kam nun jener Gefängnisaufseher dazu, diese Frage zu stellen?

Ich bin der Überzeugung, daß er wie Millionen heute, ein

wohltemperiertes Leben führte. Er übte seinen Beruf gewissenhaft aus. Er sorgte für seine Familie. Er hatte seine Hobbies. Ich denke, daß auch er eines Tages von den beiden jüdischen Missionaren hörte. Die Kunde von ihrer Missionstätigkeit verbreitete sich bestimmt wie ein Lauffeuer. In Philippi bekehrten sich Menschen zu Jesus Christus. Ich kann mir vorstellen, daß der Gefängnisaufseher neugierieg wurde und sich einmal ganz persönlich informieren wollte. So erkundigte er sich, wo Paulus seine Vorträge hielt und ging hin. Dabei hörte er das Evangelium von Jesus Christus:

»Es ist nur ein Gott und ein Mittler zwischen Gott und den Menschen, nämlich der Mensch Christus Jesus, der sich selbst gegeben hat für alle zur Erlösung. (1. Timotheus 2, 5.6)

Sicher tat Paulus auch das, was er später in Athen getan hat: Er rief die Zuhörer auf, sich auf die Seite des Retters Jesus Christus zu stellen und ihm allein zu vertrauen. Da wurde der Aufseher in seinem Herzen getroffen. Aber er bekehrte sich nicht, sondern verhärtete sich. Er war erbost über soviel Intoleranz und Anmaßung. Was wollte dieser jüdische Missionar eigentlich? Die Philipper waren doch anständige Bürger! Sie glaubten doch an die Götter. Verärgert ging er nach Hause. Dann kam jener Abend, an dem sie die Missonare ins Gefängnis brachten. Da war es für ihn geradezu eine Genugtuung, sie festzuketten. Befriedigt ging er zu Bett – aber um Mitternacht wurde er aus dem Schlaf gerissen. Ein Erdstoß nach dem andern erschütterte die Fundamente des Gefängnisses. Und als er in den Kerker rannte, sah er, wie Paulus und Silas frei waren. In diesem Augenblick stürzte seine Lebensphilosophie zusammen. Ihm wurden die Augen geöffnet. Er erkannte, daß hinter diesem Ereignis der Gott stand, von dem Paulus und Silas gesprochen hatten. Zugleich wurde ihm bewußt, daß er vor diesem Gott mit seinem Leben nicht bestehen kann. So stellte er die zentralste Frage seines Lebens: »Was muß ich tun, um gerettet zu werden?«

Wie bereits gesagt: Ich nehme nicht an, daß jener Mann ein abartiges Leben führte. Aber Gott, der alles durchschaut, deckte das Innerste seines Herzens auf. Gott macht alles Verborgene transparent – jede Lieblosigkeit, allen Egoismus, Neid, Gier und Unversöhnlichkeit. Und das führt zur Erweckung.

Erst kürzlich habe ich es wieder erlebt, wie ein junger Mann von Gott ins Licht gestellt wurde. Es geschah an einer Omnibushaltestelle. Dort sprach ich ihn über seine Beziehung zu Gott an.

»Ich habe keine Zeit, mich damit intensiv zu befassen«, sagte er. »Außerdem bin ich der Überzeugung, daß ein ehrliches Gebet pro Woche besser ist, als viele heruntergeschnurrte Vaterunser.«

»Was tust du heute abend?« fragte ich, um das Gespräch in eine andere Richtung zu lenken.

»Fußballtraining«, war die Antwort.

»Und was machst du morgen abend?«

»Auch Training.«

Ich sagte: »Alles, was unser Interesse mehr fesselt als Gott, ist unser Götze.«

Er schaute mich fast erschrocken an. »Wenn ich ehrlich bin«, sagte er, »dann muß ich zugeben, daß mich der Fußball viel mehr als Gott fesselt.«

In diesem Augenblick hatte Gott ihm die Augen für die Sünde seines Lebens geöffnet. Erweckung!

Wie haben Sie Ihre Erweckung erlebt? Was waren in Ihrem Leben die ausschlaggebenden Faktoren, daß Sie Ihre Verlorenheit erkannten und in Ihnen das Verlangen aufbrach, Jesus Christus zu gehören? War die Erweckung bei Ihnen eine längere Phase? Oder haben Sie sie plötzlich erlebt? Haben Sie mehrere Erweckungen erlebt, bis Sie bereit waren, sich Jesus Christus anzuvertrauen? Oder sind Sie schon nach dem ersten geistlichen Erwachen zu Jesus Christus gekommen? Welche Fragen haben Sie in der Phase der Erweckung umgetrieben? Was war der ausschlaggebende Faktor für Ihre Bekehrung?

Sie sollten diese Fragen einmal durchdenken und zu klaren Antworten finden. Das kann Ihnen selbst in Zeiten der Anfechtung eine Hilfe sein. Es wird Ihnen aber besonders im missionarischen Gespräch helfen, andere zu verstehen, die sich in der

Erweckungsphase befinden. Sie werden ihnen besser helfen können, den nächsten Schritt zu tun. Die persönliche Erfahrung ist für viele Menschen überzeugender als eine korrekte Lehre.

3. Bereich: Die Bekehrung zu Jesus Christus

Wer in der Erweckung steckenbleibt und den »Durchbruch zur Bekehrung« nicht schafft, der wird früher oder später in den Bereich des »geistlichen Todes« zurücksinken. Ich möchte nicht

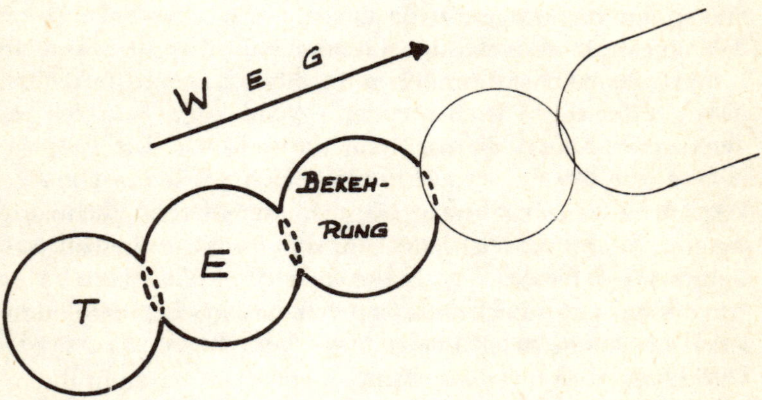

übertreiben, aber es waren doch verhältnismäßig viele, denen ich begegnet bin, die einmal eine Erweckung erlebten, aber nicht zur Bekehrung fanden, oder die sich nicht bekehren wollten. Sie sprachen zum Teil begeistert von der Zeit, in der sie noch »dabei« waren. Sie schwärmten von einer Evangelisation oder einer Freizeit, von einem missionarischen Einsatz oder einem christlichen Kreis. Aber das alles war einmal. Es gehörte zu den schönen Erinnerungen. Sie haben diese »Erfahrungen von damals« auch nicht negativ gewertet. Sie nannten sie »jugendliche Begeisterung«, oder »wichtige Phase zur Ich-Findung«. Andere allerdings haben bei solchen Gesprächen auch sehr aggressiv reagiert. Sie sprachen von »religiöser Manipulation« und wollten mit diesem »frommen Kram« nichts mehr zu tun haben.

Wie auch immer: Wer als Erweckter nicht zur Bekehrung kommt, fällt zurück.

Nun habe ich schon an einigen Stellen das Wort »Bekehrung« genannt. Was heißt das? Im allgemeinen spricht man heute nicht mehr von Bekehrung. Für viele ist es ein »Horrorwort«, gefüllt mit Zwangserlebnissen. Andere können damit überhaupt nichts verbinden.

Das Wort »Bekehrung« ist aus dem Begriff »Kehre« gebildet. Im Duden steht hinter diesem Wort »Kehre« in Klammern »Wendekurve«. Und genau darum geht es bei einer Bekehrung, daß ich in eine »Wendekurve« hineingeführt werde und mein Leben eine neue Richtung bekommt. Biblisch ausgedrückt heißt das: Vor der alles entscheidenden »Wendekurve« war ich auf der »breiten Straße, die zur Verdammnis führt«. Die »Wendekurve«, die Bekehrung also, bringt mich auf den »schmalen Weg, der zum Leben führt«. Die charakteristischen Stichworte der Bekehrung lauten damit »Abwendung« und »Hinwendung«. Wenn Sie das Wort Kehre einsetzen wollen, können Sie von »Abkehr« und »Hinkehr« sprechen. Zwischen dem »breiten Weg« und dem »schmalen Weg« liegt die »Wendekurve«. Dort ereignet sich die Bekehrung.

Sehr wichtig ist es, den Inhalt der neutestamentlichen Bekehrung klar zu erkennen, weil der Begriff an sich noch nichts oder auch sehr viel Verschiedenes besagt. So kann z. B. ein Alkoholiker von einer Bekehrung sprechen, wenn er jetzt an Stelle von Alkohol Buttermilch trinkt. Damit hat er sich vom Alkohol zur Buttermilch »bekehrt«. Man kann sich von einer Konfession zu einer anderen »bekehren« oder von einem aufwendigen Lebensstil zum alternativen Leben. Das alles ist auch eine Art Bekehrung, nämlich Abkehr und Hinkehr. Aber das alles hat nichts mit dem zu tun, was das Neue Testament unter Bekehrung versteht.

Lassen wir uns am besten von einem zentralen biblischen Wort an die biblische Bedeutung des Begriffs heranführen:

»Du sollst ihnen die Augen auftun, daß sie sich bekehren von der Finsternis zum Licht und von der Gewalt des Satans zu Gott. So werden sie Vergebung der Sünden empfangen und das Erbteil samt denen, die geheiligt sind durch den Glauben an mich.«

(Apostelgeschichte 26,18)

Der Apostel Paulus liegt in Cäsarea gefangen. Eines Tages kommen der jüdische König Agrippa und seine Frau Bernike in diese Stadt. Sie hören von Paulus und geben ihm eine Möglichkeit, sich zu verteidigen. Der Apostel ergreift diese Chance und spricht über seine Bekehrung zu Jesus Christus. Er berichtet sehr ausführlich, was sich damals auf dem Weg nach Damaskus ereignet hat.

In diesem Zusammenhang sagt er auch, welchen Auftrag ihm Jesus gegeben hat: Er soll durch die Verkündigung des Evangeliums den Heiden die Augen auftun, daß sie sich »bekehren«. Genau da finden wir den Begriff, um den es in diesem Kapitel geht. Aber dieser Begriff steht hier nicht isoliert, sondern er wird gefüllt. Es wird gesagt, worum es bei einer biblischen

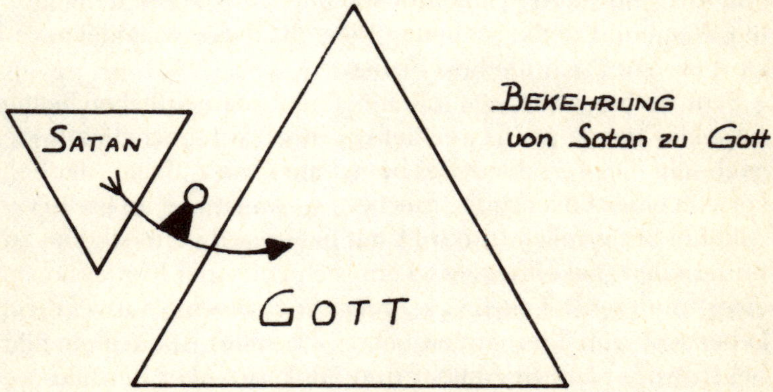

Bekehrung geht. Wir lesen: »...von der Gewalt *Satans zu Gott* bekehren«. In der Bekehrung geht es um ein personales Ereignis. Drei »Personen« werden dabei genannt. Da ist erstens Satan. Er ist der geheime oder offenbare »Manager« aller unbekehrten Menschen. Dann wird Gott genannt. Ihm übereignet sich der Mensch bei der Bekehrung bewußt und kompromißlos. Der Mensch ist die dritte Person, der im Ereignis der Bekehrung von Satan zu Gott hin in Bewegung ist.

Das verdeutlicht noch einmal die Grundaussage, daß Bekehrung im Sinne des Neuen Testamentes nicht etwas »Sachbezogenes«, sondern etwas »Personbezogenes« ist. Es geht nicht um einen neuen Lebensstil oder um eine andere Denkrichtung oder um veränderte Verhaltensweisen, sondern um eine »personale Neubindung«. Der Mensch, der vor seiner Bekehrung an Satan gebunden war und damit auch an sich selbst, ist jetzt an Gott gebunden. Daß das natürlich auch eine völlig neue Lebenseinstellung, einen anderen Lebensstil, ein verändertes Denken und Handeln mit sich bringt, muß sicher nicht betont werden. Aber das sind lediglich Auswirkungen der Bekehrung und nicht die Bekehrung selbst.

Man könnte das den äußeren Standortwechsel bei der Bekehrung nennen. Die Skizze verdeutlich das. Aber zugleich ereignet sich auch ein innerer Standortwechsel. Bekehrung als »personale Neubindung« bedeutet, daß ich mich Gott völlig zuwende, indem ich Jesus Christus in mein Leben aufnehme. Ich denke dabei an die Aussage in Johannes 1, 12:

> *»Wie viele ihn (Jesus Christus) aber aufnahmen, denen gab er Macht (Vollmacht), Gottes Kinder zu werden, denen, die an seinen Namen glauben.«*

Bill Bright hat dafür in »Gott persönlich kennenlernen« und in den »Vier geistlichen Gesetzen« ein eindrucksvolles Bild gebraucht. Er spricht vom »Thron des Herzens«, auf dem vor der Bekehrung das »Ego«, das »Ich«, sitzt und die verschiedenen Lebensbereiche bestimmt. Jesus Christus aber steht außerhalb des Lebens. Er wird hier im Symbol des Kreuzes angedeutet. Vielleicht glaubt dieser Mensch an die Existenz Jesu, an das

Evangelium, an die Heilstatsachen. Vielleicht betet dieser Mensch sogar gelegentlich, arbeitet im kirchlichen Bereich mit und müht sich, die Gebote Gottes zu halten. Trotzdem steht Jesus Christus noch außerhalb dieses Lebens. Das »Ich« ist auf dem »Thron« und beherrscht die Szene. Paulus aber schreibt:

»Ich bitte den Vater, daß er euch Kraft gebe nach dem Reichtum seiner Herrlichkeit, stark zu werden durch seinen Geist an dem inwendigen Menschen, daß Christus durch den Glauben in euren Herzen wohne.« *(Epheser 3, 16.17)*

Und Jesus Christus sagt:

»Ich bin der Weinstock, ihr seid die Reben. Wer in mir bleibt und ich in ihm, der bringt viel Frucht.« *(Johannes 15.5)*

». . .in euren Herzen« und ». . .ich in ihm« zeigt die andere, die innere Seite der Bekehrung. Bekehrung meint hier, daß ein Mensch Jesus Christus bittet, in sein Leben zu kommen und die Führung des Lebens zu übernehmen.

Bei Seelsorgegesprächen zeichne ich das auf und drücke an dieser Stelle meinem Gesprächspartner den Kugelschreiber in die Hand. Ich bitte ihn, das Kreuz (Jesus Christus) dort einzuzeichnen, wo es nach seiner Überzeugung hingehört. Mit wenigen Ausnahmen wurde das Kreuz auf den Thron gezeichnet, oder zumindest angedeutet, daß es dort sein sollte.

Wer das so andeutet, der hat theoretisch begriffen, was Bekehrung ist: Das »Ich« überläßt Jesus Christus die zentralste Stelle des Lebens, den »Thron«. Das ist die innere, und für das neue Leben wesentliche Revolution. Das ist nicht nur eine »Umkleidung«, eine äußerliche Renovierung. Das ist kein Versuch, in »Eigenleistung«, im »Do-it-yourself«-Verfahren Christ zu werden. Hier geschieht etwas völlig anderes. Da ist ein Mensch bereit, Jesus Christus das absolute Verfügungsrecht über sein Leben zu geben. Er sagt »ja« zu Matthäus 16, 24.25:

»Will mir jemand nachfolgen, der verleugne sich selbst und nehme sein Kreuz auf sich und folge mir. Denn wer sein Leben (das ICH auf dem Thron) erhalten will, der wird's verlieren; wer aber sein Leben verliert um meinetwillen (das ICH entthront), der wird's finden.«

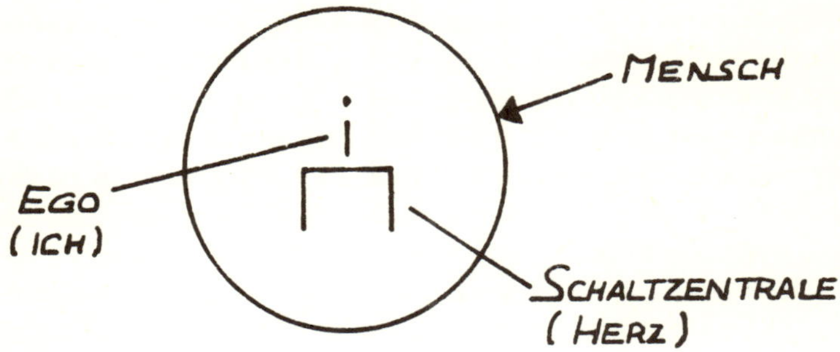

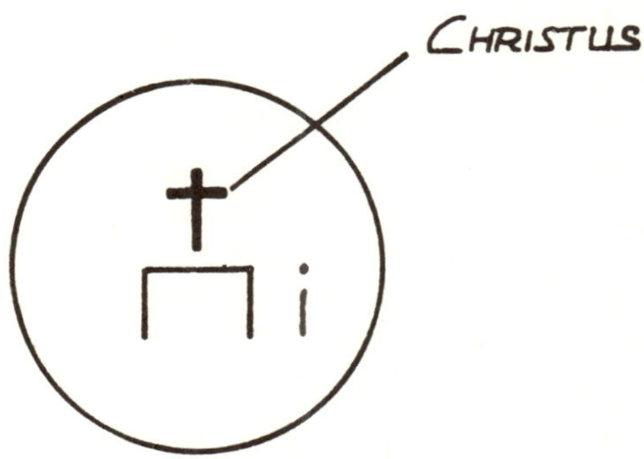

Vielleicht können einige mit dem Begriff »Thron des Herzens« nichts anfangen. Dann sprechen Sie eben davon, daß Jesus Christus der »Pilot« im »Cockpit« unseres Lebens sein möchte. Oder Sie können auch den Begriff »Schaltzentrale« gebrauchen. Wie auch immer – klar ist, um was es geht. Jesus Christus möchte die alles kontrollierende und prägende Mitte des Lebens sein. Dabei geht es nicht um Herrschaft, um Machtausübung auf Kosten der Persönlichkeit des Menschen. Unser Wille wird nicht unterdrückt oder ausgeschaltet. Jesus Christus tut nichts gegen unseren Willen. Aber er ist unser

Schöpfer, und er kennt unsere Veranlagung, unsere Begabungen, unsere Zukunft, jede Begegnung und Herausforderung – und er kann alles einordnen in einen wunderbaren und vollkommenen Plan. Darum möchte er uns führen, weil wir selbst dazu nicht in der Lage sind. Unsere Perspektiven sind zu eng, unser Horizont ist zu klein. Er allein hat Weite, die Zeit und Ewigkeit umschließt.

Das alles erfaßt der Mensch noch nicht bei seiner Bekehrung, aber es ist notwendig, daß er die Bereitschaft zur Ganzhingabe mitbringt.

Saulus hat in der Bekehrungsstunde nur noch eine Frage gestellt: »Herr, was willst du, daß ich tun soll?« Mit dieser Frage legte er das Steuer seines Lebens in die Hand des Sohnes Gottes. Er ordnete seinen Willen dem Willen Jesu unter. Das ist Bekehrung.

Ist Bekehrung immer ein plötzliches Ereignis? Nein! Auch eine Bekehrung kann, wie das Ereignis der Erweckung, ein längerer Prozeß sein, der Tage, Wochen, Monate, vielleicht sogar Jahre dauern kann. Um beim Bild zu bleiben: Es kann eine lange »Kehre« oder eine »Spitzkehre« sein. Ich habe Menschen kennengelernt, die ihre Bekehrung innerhalb weniger Stunden erlebten, und ich kenne andere, die ihr Leben nur zögernd, sozusagen Stück für Stück, in die Hand Jesu legten.

Wichtig scheint mir in der Phase der Bekehrung das klare und hörbar ausgesprochene Übergabegebet zu sein. Das muß aus meinem Herzen und über meine Lippen kommen, daß ich mein Leben Jesus Christus übereigne und ihn bitte, alle Bereiche meines Lebens zu übernehmen. Das darf man nicht nur denken oder wollen oder ersehnen, das muß ausgesprochen werden. In diesem Gebet sollten die wesentlichen Elemente formuliert werden:

1. Die Bitte um Vergebung der Sünden.
2. Die Bitte, daß Jesus Christus als Herr und Erlöser in mein Leben kommen soll.
3. Die Bitte um Erneuerung und Veränderung meines Lebens.

4. Das Versprechen, daß ich Jesus Christus für immer gehören will.

Dieses Entscheidungsgebet ist das Öffnen meines Innersten für Jesus Christus. Mit diesem Gebet bin ich gleichsam vom »Thron des Herzens« gestiegen und habe ihn für Jesus Christus freigemacht. Vielleicht gab es in mir viele Kämpfe, bis es soweit war. Nun aber ist es geschehen. Das ist die Endphase der Bekehrung. Es ist der »Moment«, wo ich durch den Heiligen Geist von neuem geboren werden kann. Damit fallen in der entscheidenden Phase Bekehrung und Wiedergeburt zusammen.

Immer wieder höre ich an dieser Stelle den Einwand, daß die Bekehrung kein einmaliger und abgeschlossener Vorgang sein dürfe. Bekehrung, Umkehr also, sei doch auch im Christsein immer wieder nötig. Es gäbe viele Situationen, in denen auch der Christ von einem falschen Weg umkehren müsse oder von einer falschen Handlung oder Einstellung.

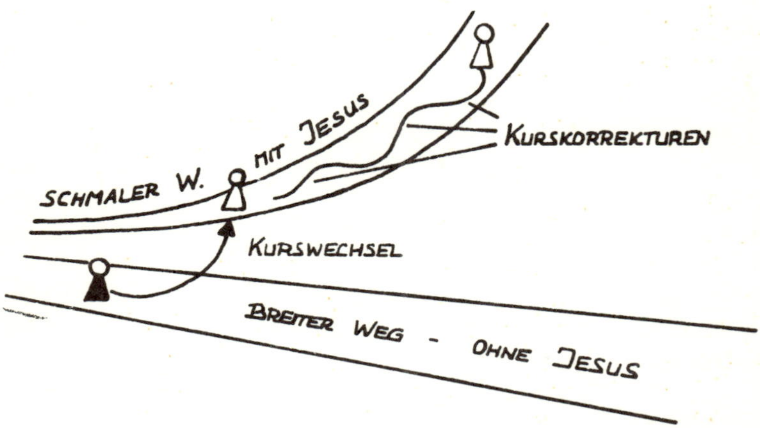

Dazu ist zu sagen, daß hier zwei Bereiche durcheinandergebracht werden, die unbedingt auseinander gehalten werden müssen. Bei der in diesem Kapitel beschriebenen grundlegenden Bekehrung geht es um einen »Kurswechsel«, während es in den oben genannten Fehlhaltungen des Christen um eine »Kurskorrektur« geht. Die Grundrichtung stimmt, aber der Kompaß des Wortes Gottes zeigt die Abweichungen an, die nun korrigiert werden müssen. Halten wir uns noch einmal die Bilder der Bibel vor Augen, die den »Kurswechsel«, die Bekehrung, beschreiben:

Die Bekehrung zu Jesus Christus ist das Überwechseln vom »breiten Weg« auf den »schmalen Weg«.

Die Bekehrung zu Jesus Christus ist das Verlassen des Herrschaftsraumes Satans und die Bindung an Gott.

Die Bekehrung zu Jesus Christus ist das Öffnen meines Lebens für Jesus Christus und die Bereitschaft zur Übereignung aller Lebensbereiche an ihn.

Etwas anderes sind die Korrekturen im Christsein. Die Aufrufe zu diesen »Kurskorrekturen« finden wir in allen Briefen des Paulus, Jakobus, Petrus, Johannes und Judas. Aber alle diese Briefe sind, und das darf nicht übersehen werden, an Christen gerichtet, an Menschen also, die eine solche grundlegende Bekehrung zu Jesus Christus vollzogen haben. Ihnen kann Paulus schreiben:

> *»Denn ihr wart früher Finsternis; nun aber seid ihr Licht in dem Herrn.«* (Epeher 5,8)

Petrus schreibt:

> *»Gelobt sei Gott, der Vater unseres Herrn Jesus Christus, der uns in seiner großen Barmherzigkeit wiedergeboren hat zu einer lebendigen Hoffnung.«* (1. Petrus 1,3)

Johannes schreibt:

> *»Meine Lieben, wir sind schon Gottes Kinder.«* (1. Johannes 3,2)

Jakobus schreibt:

> *»Gott hat uns geboren nach seinem Willen durch das Wort der Wahrheit, damit wir Erstlinge seiner Geschöpfe seien.«* (Jakobus 1,18)

Judas schreibt:

> *»An die Berufenen, die geliebt sind in Gott, dem Vater, und bewahrt für Jesus Christus.«* (Judas 1,1)

»Ihr seid Licht im Herrn«, »er hat uns wiedergeboren«, »wir sind schon Gottes Kinder«, »Gott hat uns geboren«, »an die Berufenen« – diese mit Gewißheit und Tatsachen gefüllten Worte setzen eine Bekehrung voraus. Hier ist Grundlegendes geschehen. Auf diesem Hintergrund ermahnen die Apostel, dem neuen Stand entsprechend zu leben.

4. Bereich: Das Geheimnis der »Neuen Geburt«

Dazu erst einige Zitate:

> *»Du magst jeden Tag zweimal in die Kirche gehen, du kannst jede Woche am Abendmahl teilnehmen, du kannst regelmäßig deine stille Stunde halten, trotzdem mußt du von neuem geboren werden. Nichts von alledem kann die neue Geburt ersetzen, auch nicht etwas anderes auf dieser Welt.«* John Wesley
>
> *»Ein Wunder der göttlichen Gnade muß an der Seele geschehen, das weit über das hinausgeht, was durch Menschenkraft vollbracht werden kann. Von allen, die wir gern für Jesus gewinnen*

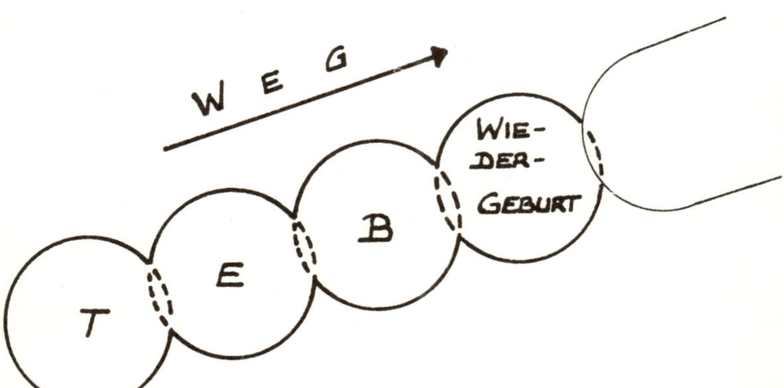

möchten, gilt: Wenn jemand nicht von neuem geboren wird, kann er das Reich Gottes nicht sehen. Der Heilige Geist muß die Wiedergeburt in den Menschen, die wir lieben, wirken, sonst können sie niemals die ewige Herrlichkeit erlangen.«

Charles Haddon Spurgeon

»Wer am Reiche Gottes teilhaben will, der muß eine grundsätzliche Veränderung erfahren, er muß neu geboren werden.«

Wilhelm Busch

»Heute sitzen viele Menschen in den Kirchen, die noch nie die Botschaft von der Wiedergeburt gehört haben. In einigen Kirchen geht es um gute Werke, soziale Verbesserungen, Regierungspolitik, und das Eine, was die Probleme unserer Welt lösen könnte, wird vernachlässigt: Die Veränderung von Männern und Frauen. Das eigentliche Problem ist in erster Linie ein geistliches, dann erst ein soziales. Was wir brauchen ist völlige Veränderung von innen heraus.« *Billy Graham*

Was ist die Wiedergeburt? Sie ist die Antwort Gottes auf die Bekehrung des Menschen. Wenn der Mensch in der Bekehrung sein Innerstes für Jesus Christus öffnet, kommt der Geist Gottes

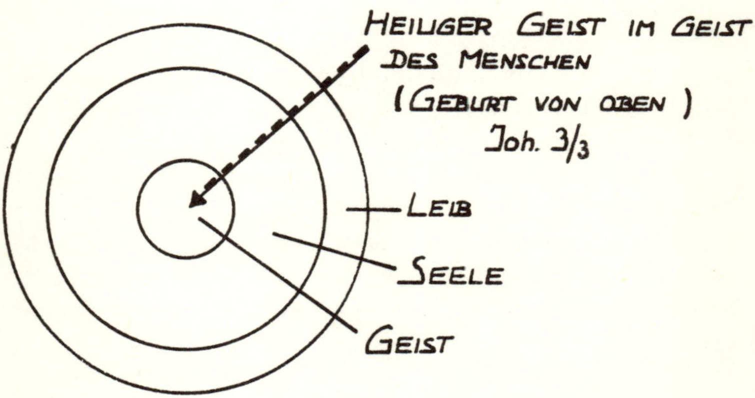

in den Geist des Menschen. Dadurch wird der menschliche Geist zum Leben erweckt. Der »innere Mensch«, wie Paulus ihn nennt, wird geboren. An verschiedenen Stellen wird dieses Ereignis in der Bibel beschrieben. Die wohl bekannteste Stelle ist jenes Nachtgespräch, das Jesus mit Nikodemus, einem jüdischen Theologen, führte. Dort sagte Jesus:

»Wahrlich, wahrlich, ich sage dir: Es sei denn, daß jemand von neuem geboren werde, so kann er das Reich Gottes nicht sehen.«
(Johannes 3,3)

»Wundere dich nicht, daß ich dir gesagt habe: Ihr müßt von neuem geboren werden.« (Johannes 3,7)

Der hier verwendete Begriff »von neuem geboren« müßte aus dem Grundtext eigentlich mit »von oben geboren« übersetzt werden. Im Johannesevangelium (1,13) lesen wir von den Menschen, die Kinder Gottes geworden sind, daß sie:

». . .nicht aus dem Blut noch aus dem Willen des Fleisches noch aus dem Willen eines Mannes, sondern von Gott geboren sind.«

Der Apostel Paulus greift dieses Thema in einem Pastoralbrief auf:

»Als aber erschien die Freundlichkeit und Menschenliebe Gottes, unseres Heilandes, machte er uns selig – nicht um der Werke der Gerechtigkeit willen, die wir getan hatten, sondern nach seiner Barmherzigkeit – durch das Bad der Wiedergeburt und Erneuerung im heiligen Geist.« (Titus 3, 4.5)

Aber auch in seinen anderen Briefen spricht Paulus vom Geheimnis der Wiedergeburt, auch wenn er diesen Begriff nicht verwendet. So lesen wir in 2. Korinther 5,17:

»Ist jemand in Christus, so ist er eine neue Kreatur; das Alte ist vergangen, siehe, Neues ist geworden.«

In diesem biblischen Text setzt Paulus an die Stelle des Begriffs »Wiedergeburt« die Begriffe »neue Kreatur« und ein »Neues«. Im Römerbrief spricht er vom »neuen Leben des Geistes«:

»Nun aber sind wir vom Gesetz frei geworden und ihm abgestorben, das uns gefangen hielt, so daß wir dienen im neuen Wesen des Geistes.« (Römer 7,6)

In seinem ersten Brief erwähnt Petrus die Wiedergeburt an zwei Stellen:

»Gelobt sei Gott, der Vater unseres Herrn Jesus Christus, der uns nach seiner großen Barmherzigkeit wiedergeboren hat zu einer lebendigen Hoffnung durch die Auferstehung Jesu Christi von den Toten.« *(1. Petrus 1,3)*

»Ihr seid wiedergeboren nicht aus vergänglichem, sondern aus unvergänglichem Samen, nämlich aus dem lebendigen Wort Gottes, das immer bleibt.« *(1. Petrus 1,23)*

Ein weiterer Zeuge der Wiedergeburt ist der Apostel Johannes:

»Wer aus Gott geboren ist, der tut keine Sünde; denn Gottes Kinder bleiben in ihm und können nicht sündigen; denn sie sind von Gott geboren.« *(1. Johannes 3,9)*

»Denn alles, was von Gott geboren ist, überwindet die Welt.« *(1. Johannes 5,4)*

Wie die natürliche, die menschliche Geburt, der Beginn des irdischen Lebens ist, so ist die Wiedergeburt, die Geburt aus Gott, der Beginn des geistlichen und ewigen Lebens. Bis zu diesem Ereignis war ich ein *Geschöpf* Gottes, jetzt bin ich ein *Kind* Gottes. Kind Gottes sein ist Vollmacht. Ich erinnere an Johannes 1,12:

Wie viele ihn aber aufnahmen, denen gab er Macht (Vollmacht), Gottes Kinder zu werden, denen, die an seinen Namen glauben.«

Kind Gottes sein und »Vollmacht« haben, gehören zusammen. Denn ein Kind Gottes sein ist das höchste Vorrecht, das es im Universum gibt. Als Kind Gottes dürfen Sie zu dem Schöpfer des Alls, zu dem unaussprechlich gewaltigen Gott, Vater sagen. Als Kind Gottes dürfen Sie in ununterbrochener Verbindung mit Gott leben. Für Kinder Gottes gibt es kein ohnmächtiges Ausgeliefertsein an Schicksalsmächte. Sie wissen sich von Gott geführt. Alles hat für sie Inhalt und Sinn. Die Bibel sagt:

»In seiner Liebe hat Gott uns dazu vorherbestimmt, seine Kinder zu sein durch Jesus Christus nach dem Wohlgefallen seines Willens.« *(Epheser 1,5)*

Darum ist die Wiedergeburt die »Sternstunde« des Lebens, der Durchbruch zu einem völlig neuen Sein.

Vom Augenblick der Wiedergeburt an wohnt auch die gewaltigste Kraft, die es gibt, in Ihnen – der Heilige Geist. Die dritte Person der Gottheit nimmt in Ihrem Geist Wohnung.

»Weil ihr nun Kinder seid, hat Gott den Geist seines Sohnes gesandt in unsere Herzen, der da ruft: Abba, lieber Vater.«
(Galater 4, 6)

Sie können mit dem heiligen Geist rechnen, wenn Sie beten:

»Desgleichen hilft auch der Geist unsrer Schwachheit auf. Denn wir wissen nicht, was wir beten sollen, wie sich's gebührt; sondern der Geist selbst vertritt uns.« *(Römer, 8, 26)*

Sie können mit dem heiligen Geist rechnen, wenn es um das Ablegen alter sündiger Gewohnheiten geht wie Neid, Zorn, Eifersucht, Lüge und vieles andere:

»Wenn ihr durch den Geist die Taten des Fleisches tötet, so werdet ihr leben.« *(Römer 8, 13)*

Sie können mit dem Heiligen Geist in allen Fragen der Führung rechnen, in allen Entscheidungen, die Sie zu treffen haben:

»Denn welche der Geist Gottes treibt, die sind Gottes Kinder.«
(Römer 8, 14)

Sie können mit dem Heiligen Geist rechnen, wenn es um die Heiligung, um die Neugestaltung Ihres Lebens geht:

»...damit ich ein Diener Christi Jesu unter den Heiden sei (schreibt Paulus), um das Evangelium Gottes priesterlich auszurichten, damit die Heiden ein Opfer werden, das Gott wohlgefällig ist, geheiligt durch den heiligen Geist.« *(Römer 15, 16)*

Sie können mit dem Heiligen Geist rechnen, wenn Sie Gottes Wort weitersagen möchten:

»Wir aber haben nicht empfangen den Geist der Welt, sondern den Geist aus Gott, daß wir wissen können, was uns von Gott geschenkt ist. Und davon reden wir auch nicht mit Worten, wie sie menschliche Weisheit lehren kann, sondern mit Worten, die der Geist lehrt.« *(1. Korinther 2, 12.13)*

Sie können mit dem Heiligen Geist rechnen, daß er Ihnen die

geistlichen Gaben gibt, die Ihrem Auftrag und Ihrer Persönlichkeitsstruktur angemessen sind:

> *»Dem einen wird durch den Geist gegeben, von der Weisheit zu reden; dem andern wird gegeben, von der Erkenntnis zu reden, nach demselben Geist; einem andern Glaube, in demselben Geist. . . Dies alles aber wirkt derselbe eine Geist und teilt einem jedem das Seine zu, wie er will.«* (1. Korinther 12, 8–11)

Sie können mit dem Heiligen Geist rechnen, wenn Sie mit Bangen in die Zukunft schauen und Bedenken haben, ob Sie das Ziel erreichen:

> *»Ihr seid, als ihr gläubig wurdet, versiegelt worden mit dem heiligen Geist, der verheißen ist, welcher ist das Unterpfand unsres Erbes, zu unsrer Erlösung.«* (Epheser 1, 13)

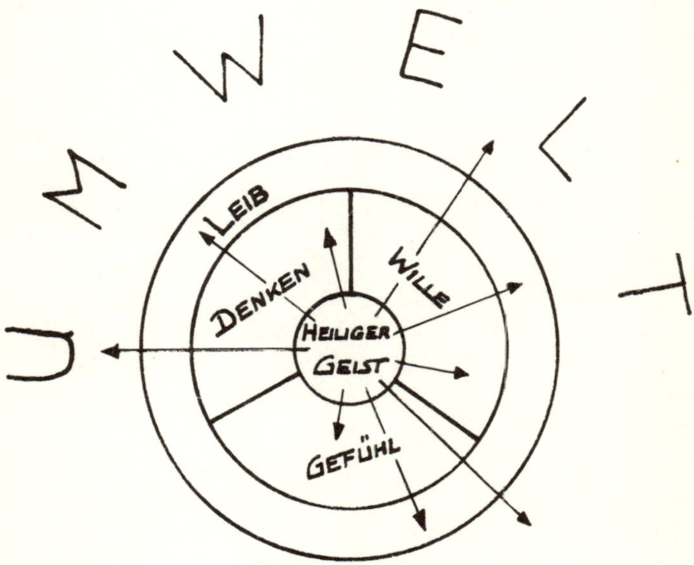

Sie können mit dem Heiligen Geist rechnen, wenn Sie Kraft für den inneren, neugeborenen Menschen benötigen:

> *»Ich bitte Gott (schreibt Paulus), daß er euch Kraft gebe nach dem Reichtum seiner Herrlichkeit, stark zu werden durch seinen Geist an dem inwendigen Menschen.«* *(Epheser 3, 16)*

Das alles zeigt schon das weite Spektrum der Vollmacht, die uns in der Wiedergeburt durch den Heiligen Geist gegeben ist. Entscheidend ist allerdings, ob wir dem Heiligen Geist in unserem Leben Entfaltungsmöglichkeit gewähren, ob er unser Leben ungehindert gestalten kann. Damit sind wir beim letzten Bereich angekommen.

5. Bereich: Das neue Leben

Eine Theologin, die während einer Großstadtevangelisation ihre Entscheidung für Jesus Christus traf, schrieb mir kurz danach folgenden Brief:

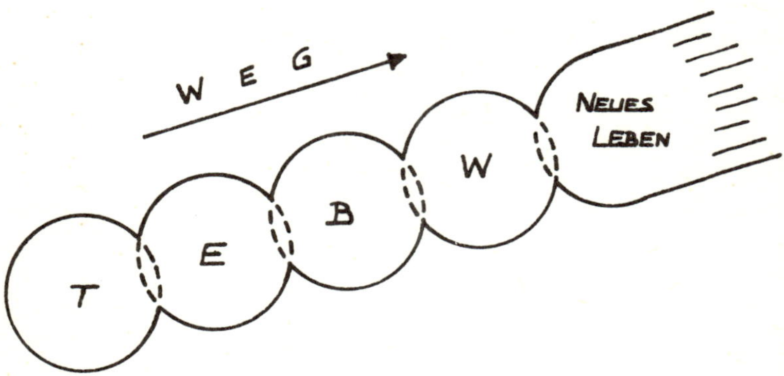

»Es ist kaum zu fassen, daß sich mein Leben von heute auf morgen so wundervoll verändern konnte. Ich bin eigentlich nie unzufrieden oder unglücklich mit meinem Leben gewesen, und doch habe ich immer gespürt, daß mir etwas fehlt. Dann kam die Evangelisation. Zunächst hat mich Ihr kompromißloses Angebot zur Entscheidung ohne ›Wenn und Aber‹ schockiert. Jetzt bin ich so unendlich froh, daß ich wirklich glauben kann und sicher bin, Jesus Christus ist für mich gestorben und tatsächlich auferstanden, er lebt. Ich fühle mich noch ganz am Anfang eines wundervollen, neuen Lebens, eines Lebens mit Sinn und Ziel. Ich fühle mich noch ein wenig ›unsicher auf den Beinen‹, fast wie ein neugeborenes Fohlen, das erste Gehversuche macht. Aber ich bin unendlich glücklich! Ich habe das Gefühl, tatsächlich neu geboren zu sein.«

»Erste Gehversuche« nach der neuen Geburt – so schrieb jene Frau. Das ist ein sehr gutes Bild, denn mit diesen »ersten Gehversuchen« beginnt das neue Leben. Es gibt einen ersten Schritt, und es wird viele weitere Schritte geben.

Die Skizze zeigt, daß das neue Leben kein abgeschlossener Bereich ist. Alles andere – die Erweckung, die Bekehrung, die Wiedergeburt – sind nur »Durchgangsstationen«. Das neue Leben aber ist unendlich, es ist das »ewige Leben«. Dieses Leben ist nicht statisch, nicht stillstehend, sondern dynamisch, es ist voller Bewegung. Das neue Leben ist auf Entfaltung, auf Wachstum angelegt. Schon der Begriff »Wiedergeburt« zeigt das. Nach einer Geburt geht das Wachstum weiter. Echtes Wachstum ist immer Entfaltung dessen, was keimartig schon vorhanden ist. Im natürlichen Leben ist es Entfaltung der Seele und des Leibes. Im geistlichen Leben ist es Entfaltung des Geistes.

Leben kann aber auch verkümmern. Es kann zu Fehlentwicklungen kommen, zu mehr oder weniger starken Behinderungen. Es gibt körperliche Behinderungen und seelische Behinderungen. Aber es kann auch bei einem wiedergeborenen Menschen zu »geistlichen Fehlentwicklungen« kommen.

Bei einigen missionarischen Diensten mit dem »Missionsteam Hamburg« in St. Pauli bin ich zum ersten Mal intensiv mit Stadtstreichern in Verbindung gekommen. Oft lange Gespräche gewährten mir einen Einblick in ihr Leben. Ich fragte mich immer wieder, wie es zu einer solchen Fehlentwicklung kommen konnte. Manche der Nichtseßhaften hatten ein ordentliches Elternhaus, eine gute Schulbildung und berufliche Chancen. Einer von ihnen war Ingenieur, ein anderer Professor. Und doch landeten sie auf »Parkbank 17« in St. Pauli. Geboren wie viele andere, aber dann kam es zu Fehlgestaltungen des Lebens.

Die Wiedergeburt ist der entscheidende Start ins Christsein, aber sie ist keine Garantie dafür, daß das neue Leben sich positiv gestaltet. Auch unter Kindern Gottes gibt es »Stadtstreicher«, Menschen, die in »geistlicher Verwahrlosung« leben. Ich bin leider vielen begegnet. Man kann in der Tat als »Königskind« geboren werden und als »Asozialer« sterben. Mit diesem ersten Problem hatte schon der Apostel Paulus zu tun. Er traf solche Leute in der Gemeinde in Korinth. Ihnen mußte er schreiben:

»Ich konnte zu euch, liebe Brüder, nicht reden wie zu geistlichen Menschen, sondern wie zu fleischlichen, wie zu unmündigen Kindern in Christus.« *(1. Korinther 3, 1)*

Und sie waren auch in der Gemeinde in Galatien vorhanden:

»Seid ihr so unverständig? Im Geist habt ihr angefangen, wollt ihr's denn nun im Fleisch vollenden?« *(Galater 3, 3)*

Das waren eindeutige Fehlentwicklungen bei Wiedergeborenen in der Urgemeinde. Noch ist zwar der Geist Gottes in diesen Menschen, aber er ist verdrängt, gefangen gesetzt, in einer »letzten Kammer des Herzens« eingeschlossen. In einem solchen Leben ist nichts zu spüren von dem, was Jesus einmal auf dem Fest in Jerusalem gesagt hat:

»Wer an mich glaubt, wie die Schrift sagt, von dessen Leib werden Ströme lebendigen Wassers fließen.« *(Johannes 7, 38)*

Da ist dann kein »Strömen« mehr, sondern ein ausgetrocknetes Flußbett.

Gottes Ziel aber ist »überfließendes Leben«. Neunzehn Mal finden wir den Begriff »überfließen« im Zusammenhang mit dem Christsein im Neuen Testament.

Da lesen wir von »überfließender Liebe«:

»Und ich bete darum, daß eure Liebe immer noch reicher (Grundtext: überfließender) werde an Erkenntnis und aller Erfahrung.« *(Philipper 1, 9)*

»Euch aber lasse der Herr wachsen und immer reicher (überfließender) werden in der Liebe untereinander und zu jedermann, wie auch wir sie zu euch haben.« *(1. Thessalonicher 3, 12)*

Es ist von »überfließenden Gnadengaben« die Rede:

»Aber mit der Gnadengabe verhält sich's nicht wie mit der Sünde. Denn wenn durch die Sünde des Einen die Vielen gestorben sind, um wieviel mehr ist Gottes Gnade und Gabe den Vielen überreich (überfließend) zuteil geworden durch die Gnade des einen Menschen Jesus Christus.« *(Römer 5, 15)*

Paulus ermahnt zum »überfließenden Einsatz« für Christus:

»Darum, meine lieben Brüder, seid fest, unerschütterlich und nehmet immer zu (überfließet) in dem Werk des Herrn.«
(1. Korinther 15, 58)

Die Bibel spricht von »überfließendem Trost« im »überfließenden Leid«:

»Denn wie die Leiden Christi reichlich (überfließend) über uns kommen, so werden wir auch reichlich (überfließend) getröstet durch Christus.« *(2. Korinther 1, 5)*

Wir lesen auch von »überfließenden guten Taten«:

»Gott aber kann machen, daß alle Gnade unter euch reichlich (überfließend) sei, damit ihr in allen Dingen allezeit volle Genüge habt und noch reich (überfließend) seid zu jedem guten Werk.«
(2. Korinther 9, 8)

Die Christen werden zu einem Leben aufgerufen, in dem die Kennzeichen des neuen Lebens »überfließend« sichtbar werden:

»Weiter, liebe Brüder, bitten und ermahnen wir euch in dem Herrn Jesus, da ihr von uns empfangen habt, wie ihr leben sollt, um Gott zu gefallen, was ihr ja auch tut –, daß ihr darin immer vollkommener (überfließender) werdet.« *(1. Thessalonicher 4, 1)*

»Überfließende Hoffnung« ist ein weiteres Geschenk des Lebens mit Christus:

»Der Gott der Hoffnung aber erfülle euch mit aller Freude und Frieden im Glauben, daß ihr immer reicher (überfließender) werdet an Hoffnung durch die Kraft des heiligen Geistes.«
(Römer 15, 13)

Eine breite Skala von »überfließenden geistlichen Eigenschaften« wird im 8. Kapitel des 2. Korintherbriefes genannt:

»Wie ihr aber in allen Stücken reich (überfließend) seid, im Glauben und im Wort und in der Erkenntnis und in allem Eifer und in der Liebe, die wir in euch erweckt haben, so gebt auch reichlich (überfließend) bei dieser Wohltat (Geldsammlung für die notleidende Gemeinde in Jerusalem).« *(2. Korinther 8, 7)*

Zum Schluß noch eine biblische Aussage über die »überfließende Dankbarkeit«:

»Wie ihr nun den Herrn Christus Jesus angenommen habt, so lebt auch in ihm und seid in ihm verwurzelt und gegründet und fest im Glauben, wie ihr gelehrt worden seid, und seid reichlich (überfließend) dankbar.« *(Kolosser 2, 6.7)*

»Überfließendes Leben« ist »vollmächtiges Leben«. Das muß wohl nach dem bisher Gesagten nicht besonders betont werden. Vollmacht ist die geistliche Qualität, die aus unserm Innern kommt, um andere zu beschenken. Wenn wir als Christen gerade so selbst über die Runden kommen, wenn wir »Schlaffi-Christen« sind mit einem Minimum an geistlicher Energie, die kaum für uns selbst ausreicht, dann kann man wohl nicht von Vollmacht sprechen.

Manche Christen scheinen auf »Spar-Programm« umgestellt zu haben. Man hat den Eindruck, als hätten sie die geistlichen Kräfte eingefroren. In ihrer Nähe ist es kalt. Christen brauchen nicht für eventuelle »Hungerperioden« zu sparen. Gottes »Vorratskammern« werden nie leer.

»Stöhn-Christen« sind nicht das, was Gott wollte, als er uns die Wiedergeburt schenkte. Sein Plan war und ist Fülle. Genau das zeigen die biblischen Aussagen vom »Überfließen«. Wenn etwas überfließt, dann wird das Normale durchbrochen. Wenn ein Fluß über die Ufer tritt, dann ist das nicht normal. Dann strömt das Wasser dort, wo man es normalerweise nicht erwartet. Wenn Sie dieses zunächst negative Bild auf das Christsein anwenden, dann ist es genau das, was Gott will, und es ist das, was Jesus gemeint hat, als er von den »Strömen lebendigen Wassers« sprach. Seine Leute sollen Gefäße seines Lebens sein, weit geöffnete Gefäße, aus denen viel von dem fließen kann, was Jesus ihnen gegeben hat. Christsein ist Leben für andere. Dieses Thema möchte ich in dem folgenden Kapitel weiter entfalten.

Ich fasse zusammen: »Klarer Start« oder »unklarer Start« – darum ging es hier zunächst. Ich möchte es noch einmal sehr eindrücklich sagen, daß dort, wo der Start ins Christsein nicht klar war, jede Voraussetzung für ein vollmächtiges Christsein fehlt.

Erweckung, Bekehrung, Wiedergeburt – haben Sie das erlebt? Oder sind Sie in einem der Bereiche steckengeblieben? Prüfen Sie sich bitte im Gebet vor Gott, und dann treffen Sie bitte eine klare Entscheidung für den nächsten Schritt. Vollmacht ist Gottes Plan für Sie.

»Damit ihr aber wißt, daß der Menschensohn Vollmacht hat, auf Erden die Sünden zu vergeben – sprach er zu dem Gelähmten: Steh auf, hebe dein Bett auf und geh heim!«

(Matthäus 9, 6)

Entscheidende erste Schritte

»Ich möchte heute noch mit Ihnen sprechen,« sagte nach einem Vortrag in einer Zelthalle ein junger Mann zu mir. »Aber bitte nicht hier«, fügte er hinzu und schaute sich verlegen um. »Können wir irgendwo allein sein?«

»Mein Auto steht zur Verfügung«, erwiderte ich.

Als wir kurz darauf auf dem Rücksitz Platz genommen hatten, griff er in seine Jackentasche und reichte mir einige in Stanniol eingewickelte kleine Plättchen.

»Das muß ich zuerst weg haben«, flüsterte er.

»Drogen?« fragte ich.

Er nickte. »Hasch. Ich hänge fest. Aber ich möchte davon loskommen. Ich will Christ werden.«

Ich nahm den Stoff aus seiner Hand und steckte ihn weg. Danach sprachen wir über den Weg zu einem neuen Leben. Im Mittelpunkt dieses Gespräches stand das Bibelwort:

> *»Also hat Gott die Welt geliebt, daß er seinen eingeborenen Sohn gab, damit alle, die an ihn glauben, nicht verloren werden, sondern das ewige Leben haben.«* *(Johannes 3, 16)*

Ich erklärte ihm, daß Jesus Christus sein Leben geopfert hat, damit wir Vergebung und Befreiung erfahren können und daß das dort geschieht, wo ein Mensch sich vertrauensvoll Jesus Christus übereignet.

Nun kann hier nicht das ganze Gespräch wiedergegeben werden. Nur soviel sei gesagt, daß jener junge Mann aufmerksam zuhörte und dann auch die innere Bereitschaft zeigte, diesen Schritt des Vertrauens zu Jesus zu tun. Er betete um Vergebung und bat Jesus, Herr in seinem Leben zu werden.

Billy Graham sagte: »Zu Jesus kommen ist das erste. Jesus Christus nachfolgen ist das andere.« Diese Feststellung ist so selbstverständlich, daß mancher sie vielleicht belächelt. Aber Gespräche mit vielen Menschen zeigen, daß diese Grundaussage sehr oft verschleiert ist. Immer wieder begegne ich Menschen, die Jesus nachfolgen wollen, aber noch nicht zu ihm gekommen sind. Sie wollen den dritten oder fünften Schritt vor dem ersten tun. Wenn man dann nachforscht, was sie unter Nachfolge verstehen, wird manches klar. Für einige ist Jesus Christus nur Vorbild, aber nicht der auferstandene Sohn Gottes, der heute lebt und Menschen mit seiner übernatürlichen Kraft zu einem neuen Leben befähigt. Für andere ist Jesus lediglich der große Lehrer, der Meister, dessen Worte man in die Tat umsetzen muß. Natürlich ist Jesus Christus Vorbild. Selbstverständlich sollen seine Worte in uns und durch uns Tat werden. Aber wenn das alles aus eigener Anstrengung geschieht ohne persönliche Beziehung zu dem heute lebenden Jesus Christus, dann darf das nicht Christsein genannt werden.

Christsein, Nachfolge Jesu also, beginnt immer mit einer völligen Lebensübereignung an Jesus Christus. Das ist der erste Schritt. Damit beginnt ein neues Leben. Jetzt ist Nachfolge möglich, weil Jesus Christus durch den Heiligen Geist selbst in uns lebt. Nun ist Nachfolge keine »Eigenleistung«, kein »Immer-strebend-sich-Bemühn«, sondern eine neue Lebensqualität, die auch einen neuen Lebensstil ermöglicht.

Von diesem »Start ins Christsein« war im letzten Kapitel die Rede. Hier soll es um die ersten entscheidenden Schritte in der Nachfolge Jesu gehen. Sie sind mit dafür ausschlaggebend, ob es ein Christsein in Vollmacht wird oder ob wir gebremst, ohne besondere Wirkung auf unsere Umwelt, »untertemperiert« leben.

Als jener junge Mann in meinem Wagen sein Leben Jesus Christus auslieferte und wir danach weiter im Gespräch waren, erklärte ich ihm die entscheidenden ersten Schritte. Stichwortartig zusammengefaßt lauten sie: Erstens: Das Aufarbeiten der Vergangenheit durch Bekennen der Sünde. Zweitens: Die Befreiung von Bindungen durch Lösung und Inanspruchnahme begleitender Seelsorge.

Es gibt einen verhängnisvollen Irrtum, der hier einmal beim Namen genannt werden muß. Immer wieder begegne ich Christen, die der Überzeugung sind, daß Reinigung von Sünde und Lösung von Gebundenheiten im Ereignis der Wiedergeburt geschehen. Das trifft sicher punktuell zu, aber es ist nicht die Regel. Die »Alltagsrealität« zeigt das.

Ich denke an einen jungen Alkoholiker. Am Tage seiner Entscheidung für Jesus Christus hat er sich kompromißlos von dieser Bindung gelöst und wurde davon frei. Aber da waren in seinem Leben noch andere Bindungen, die ihn weiterhin bedrängten und von denen er erst später Befreiung erfuhr.

Warum das in der Wiedergeburt nicht sofort und umfassend geschieht, werden wir nur begreifen, wenn wir den Inhalt der neuen Geburt erfassen.

Was ereignet sich in der neuen Geburt, und was ereignet sich in ihr nicht? Das sind die beiden Fragen.

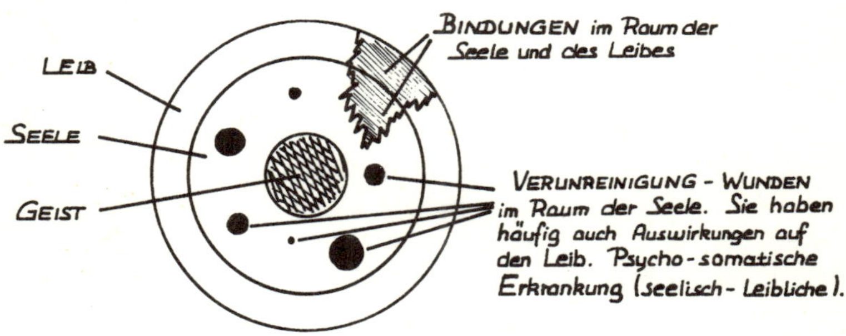

Schauen Sie bitte die Skizze an, die das Menschenbild der Bibel zeigt. Skizze 13 stellt den natürlichen, den seelischen Menschen dar. Er ist tot für Gott in seinem Geist. Skizze 14 veranschaulicht den wiedergeborenen Menschen. Der menschliche Geist ist durch den Heiligen Geist für Gott lebendig geworden. Der Unterschied macht deutlich, was in der Wieder-

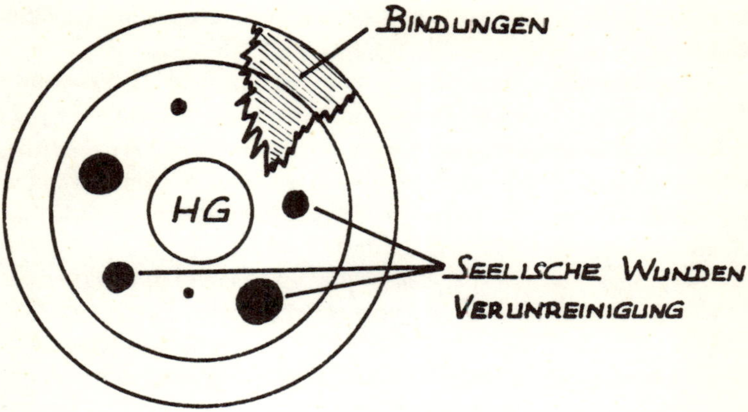

geburt geschehen ist und zeigt zugleich, welche Bereiche zunächst durch die neue Geburt nicht beeinflußt werden.

Die Wiedergeburt ist also ausschließlich ein Ereignis, das sich im »Raum des Geistes« vollzieht. Alles, was zur Seele des Menschen gehört – Temperament, Denken, Gefühl, Wille –, bleibt zunächst unverändert. Allerdings ist es das Ziel des Heiligen Geistes auch diese Bereiche zu durchdringen und zu erneuern. Das aber ist ein Wachstumsprozeß, der sich im Laufe des Christseins vollzieht. Der Apostel Paulus schreibt:

> *»Der Gott des Friedens heilige euch durch und durch und bewahre euren Geist samt Seele und Leib unversehrt, untadelig für die Ankunft unseres Herrn Jesus Christus.«*
>
> *(1. Thessalonicher 5, 23)*

»Durch und durch« ist das entscheidende Stichwort dieses Textes. Es ist Heiligung durch alle Bereiche hindurch. Hier wird Seele und Leib mit einbezogen. Aber die Wiedergeburt ist erst der Beginn dieses Prozesses. Es ist der »Start« im Geist.

Nun erhalte ich mit diesem »Start im Geist« zugleich Vergebung meiner Sünde. Das, was trennend zwischen mir und Gott steht, wird weggenommen. Ich bin jetzt »in Christus«.

»In ihm haben wir die Erlösung durch sein Blut, die Vergebung der Sünden, nach dem Reichtum seiner Gnade.« *(Epheser 1, 7)*

Sünde aber ist ja nicht nur ein Problem zwischen mir und Gott, sondern es ist auch ein Problem in mir selbst. Manche Sünde hat in mir Wunden gerissen. Und manche Sünde hat mich verunreinigt. Darum schreibt Paulus:

». . .laßt uns von aller Befleckung des Fleisches und des Geistes uns reinigen und die Heiligung vollenden in der Furcht Gottes.« *(2. Korinther 7, 1)*

Vergebung darf nicht in jedem Fall gleichgesetzt werden mit Reinigung; denn Vergebung – wir lasen es bereits – ist ein Ereignis zwischen mir und Gott, während Reinigung ein Geschehen in mir ist. Diese Reinigung aber geschieht dort, wo einer das, was Gottes Geist ihm gezeigt hat, bekennt.

Dieses »Ausleuchten« des Menschen, das Offenbarmachen von Sünde und Fehlverhalten durch den Heiligen Geist, geschieht häufig erst nach der Wiedergeburt. Plötzlich dringt längst Vergessenes ins Licht und bringt Unruhe. Einzelne Sünden stehen einem sehr plastisch vor Augen. Für mein weiteres Christsein ist nun meine Reaktion ausschlaggebend. Gehe ich damit leichtfertig um? Versuche ich zu vergessen, zu verdrängen? Kehre ich die mir gezeigte Sünde unter den Teppich? Wo das der Fall ist, werde ich nach einem »klaren Start« sehr schnell gelähmt hängenbleiben oder nur sehr mühsam vorwärtskommen. Das Christsein wird so zur Qual. Es kann dann mit jenen Träumen verglichen werden, in denen wir uns schrecklich abmühten, vorwärts zu kommen, und es nicht schafften. Jede Bewegung war furchtbar anstrengend. Dadurch wird die Vollmacht Gottes in uns blockiert.

Anders ist es, wenn ich der biblischen Anweisung folge, meine Schuld bekenne und mich von Bindungen im Namen Jesu löse. Das ist zwar der schwerere Weg, aber es ist der Weg, auf dem ich zu einem brauchbaren Werkzeug in der Hand Jesu werde.

Bevor ich darauf näher eingehe, möchte ich noch einmal deutlich sagen: Vom Augenblick der Wiedergeburt an habe ich völlige Vergebung empfangen. Das Fundament dieser Vergebung liegt im stellvertretenden Sterben Jesu. Wir schauen nicht auf uns, sondern auf ihn.

1. Die Reinigung von Sünden

> *»Wenn wir aber im Licht wandeln, wie er im Licht ist, so haben wir Gemeinschaft untereinander, und das Blut Jesu, seines Sohnes, macht uns rein von aller Sünde.*
> *Wenn wir aber unsre Sünde bekennen, so ist er treu und gerecht, daß er uns die Sünden vergibt und reinigt uns von aller Ungerechtigkeit.«* *(1. Johannes 1, 7.9)*

Dazu zuerst zwei Erfahrungen:

Ich erinnere mich an einen Mann, der einige Jahre in St. Pauli arbeitete. Diese Umgebung prägte sein Denken, seine Phantasie und schließlich auch sein Leben. Auf eine erstaunliche Weise bekehrte er sich zu Jesus Christus. Er gab daraufhin seinen Beruf auf und zog von Hamburg weg. Er lebte bewußt als Christ. Aber da war ein dunkler Bereich in seinem Leben: Seine Vergangenheit verfolgte ihn. Er kam nicht von den Bildern los, die er auf der »Großen Freiheit« gesehen hatte. Die Erlebnisse aus dieser Zeit verfolgten ihn. Auch seine Träume wurden davon bestimmt. Erst viele Jahre später kam es zu einem Seelsorgegespräch, und hier wurden zum ersten Mal diese Sünden der Vergangenheit ausgesprochen. Im Leben dieses Mannes ereignete sich dadurch eine tiefgreifende Veränderung. Einige Wochen später berichtete er mir davon. Er war frei geworden. Er fühlte sich sauber in seinem Inneren. Bis in die Träume hinein wirkte sich diese Befreiung und Reinigung aus.

Während einer Mitarbeiterschulung in einer Großstadt bat eine ältere Dame um eine Aussprache. Viele Jahre leitete sie den Kindergottesdienst. Nun saß sie vor mir – vergrämt und bekümmert. Es fiel ihr schwer, das auszusprechen, was sie bedrückte.

»Ich habe eine schwere Schuld auf mich geladen«, begann sie das Gespräch. »Es liegt zwar schon viele Jahre zurück, beinahe 50 Jahre, aber es läßt mir keine Ruhe. Es hat mein Leben zerstört, mich unglücklich und ruhelos gemacht. Obwohl ich Christ bin und mich klar auf die Seite Jesu gestellt habe, verfolgt mich diese Schuld täglich. Unzählige Male habe ich sie vor Jesus ausgesprochen, und doch finde ich keinen Frieden. Eines allerdings habe ich noch nie getan, und darum bin ich jetzt hier: Ich habe diese Sünde noch nie im Beisein eines Seelsorgers Jesus Christus bekannt. Der Geist Gottes hat mich dazu schon oft gedrängt, aber ich fand keinen Mut. Jetzt will ich es tun.«

»Dann wollen wir zuerst zusammen zu Jesus Christus beten«, sagte ich.

Was nach diesem Gebet ausgesprochen wurde, soll nicht gesagt werden. Aber das darf gesagt werden, daß danach im Leben dieser Frau eine tiefe und befreiende Freude durchbrach. Tragisch war nur, daß sie so lange gewartet hatte. Ja, geradezu erschütternd war es, daß ihr Leben so viele Jahre hindurch innerlich gelähmt war.

In Psalm 32,5 lesen wir:

> *Darum bekannte ich dir meine Sünde, und meine Schuld verhehlte ich nicht. Ich sprach: Ich will dem Herrn meine Übertretungen bekennen. Da vergabst du mir die Schuld meiner Sünde.«*

In diesem biblischen Wort werden die wesentlichen Aspekte des Sündenbekenntnisses genannt. Sie können in vier Bereiche zusammengefaßt werden: 1. »Ich will« – bringt die innere Bereitschaft zum Bekenntnis zum Ausdruck. 2. »dem Herrn« – spricht von der Adresse, an die das Bekenntnis zu richten ist. 3. »Meine Sünden« – zeigt, daß Sünden beim Namen genannt werden müssen. 4. »bekennen« – macht deutlich, daß die Schuld ausgesprochen werden muß. »Ich will dem Herrn meine Übertretungen bekennen.«

Aussprechen, nicht nur denken

Ich beginne mit dem letzten Bereich, mit dem schwierigsten, dem Aussprechen der Sünden.

Nicht nur in Psalm 32, sondern auch an anderen Stellen der Bibel wird gezeigt, daß das Aussprechen der Schuld ein entscheidendes Geschehen ist. Dadurch wird sozusagen der Heilungsprozeß eingeleitet. Was nicht ausgesprochen wird, bleibt im Innern des Menschen hängen. Es kommt nicht zur Lösung des Problems. Es ereignet sich keine Befreiung. In einem medizinischen Bild gesprochen: Es entwickelt sich ein »Eiterherd« oder ein »Krebsgeschwür« mit unter Umständen lebensbedrohenden Folgen.

Wer mit erkannter Sünde leichtfertig umgeht, wer sie nicht beachtet, wer sie nur verdrängt oder gar duldet, wird erleben müssen, wie diese Sünde im Laufe der Zeit das neue Leben mehr prägt als Gottes Wort. Das wird zuerst im Verborgenen geschehen, in Gedanken und Gefühlen, aber dann auch mehr und mehr nach außen dringen. So kann Rechthaberei, Zorn, Mißtrauen, Streitsucht, zerstörendes Reden, aber auch handfeste Sünden wie Ehebruch und Diebstahl einen Christen belasten und sein Christsein zu einer abstoßenden Karrikatur machen oder es sogar zerstören.

Daß das keine weltfremden Aussagen sind, keine nur theoretischen Möglichkeiten, zeigen die Ermahnungen in den Briefen des Apostels Paulus:

> *»Wer gestohlen hat, der stehle nicht mehr, sondern arbeite und schaffe mit eigenen Händen das nötige Gut, damit er dem Bedürftigen abgeben kann. Alle Bitterkeit und Grimm und Zorn und Geschrei und Lästerung seien fern von euch samt aller Bosheit. Von Unzucht aber und jeder Art Unreinheit oder Habsucht soll bei euch nicht einmal die Rede sein, wie es sich für die Heiligen gehört.«* *(Epheser 4,28,31;5,3)*
>
> *»Offenkundig sind aber die Werke des Fleisches, als da sind: Unzucht, Unreinheit, Ausschweifung, Götzendienst, Zauberei, Feindschaft, Hader, Eifersucht, Zorn, Zank, Zwietracht, Spal-*

tungen, Neid, Saufen, Fressen und dergleichen. Davon habe ich euch vorausgesagt und sage es noch einmal voraus: die solches tun, werden das Reich Gottes nicht erben.« (Galater, 5, 19–21)

»Ihr sollt nichts mit einem zu schaffen haben, der sich Bruder nennen läßt und ist ein Unzüchtiger oder ein Geiziger oder ein Götzendiener oder ein Lästerer oder ein Trunkenbold oder ein Räuber; mit so einem sollt ihr auch nicht essen.«

(1. Korinther 5, 11)

Wir dürfen nicht übersehen, daß diese Mahnungen an Christen gerichtet sind, an Gläubige und nicht an Ungläubige. Das zeigt, daß diese Entgleisungen eben auch in der Gemeinde möglich sind. Aber sie werden von dem Apostel nicht toleriert und nicht als Schwächen entschuldigt, sondern sie werden hart verurteilt.

Viele Erfahrungen aus der heutigen Seelsorge bestätigen, daß wiedergeborene und zum Teil aktive Christen in diesem Sündennetz gefangen sind. Wie ist das möglich? Es liegt daran, daß entweder die Vergangenheit nicht aufgearbeitet, sondern nur verdrängt wurde, oder daß Sünde, die sich zuerst in Gedanken und Gefühlen festsetzte, in ihren Anfängen nicht ernstgenommen wurde. Alle Sünde, die der Heilige Geist aufzeigt, sollte vor Jesus Christus ausgesprochen werden.

Warum hat unbekannte Sünde im Laufe der Zeit so verherende Folgen? Warum ist das Bekenntnis notwendig? Das möchte ich an einem Beispiel veranschaulichen.

Sünde, also das Übertreten göttlicher Ordnungen, verursacht in der Seele des Menschen Wunden. Man kann das mit einer körperlichen Wunde vergleichen: Da ist jemand gestürzt und hat sich den Arm aufgeschlagen. Die Wunde ist verschmutzt. Sie darf jetzt nicht einfach verbunden werden. Wo das geschieht, kann es zu einer Blutvergiftung führen, oder es bildet sich ein Eiterherd, der das Heilen der Wunde verhindert. Dieses Geschehen kann auch auf den seelischen Bereich übertragen werden. Wenn ein Mensch immer wieder die Gebote übertritt, führt das zu einer seelischen Verwundung. Diese Wunde ist durch die Sünde verunreinigt. Der erste Schritt zur Heilung ist der, daß die Wunde gereinigt wird. Das geschieht dadurch, daß sie im Sündenbekenntnis dem »Arzt« Jesus Christus gezeigt wird. Er reinigt sie dann, wie die Bibel sagt, mit seinem Blut.

Psalm 32 zeigt ein treffendes Beispiel. König David war in Sünde gefallen. Nun tat er etwas, was zwar menschlich verständlich, aber zugleich lebensgefährlich ist: Er verschwieg diese dunkle Geschichte. Er bekannte die Sünde nicht. Heimlich wickelte er einen »Verband« um die »Wunde«. Die schmerzliche Erfahrung, die er dabei machte, beschreibt er in jenem Psalm:

> *»Denn als ich es wollte verschweigen, verschmachteten meine Gebeine durch mein tägliches Klagen. Denn deine Hand (die Hand Gottes) lag Tag und Nacht schwer auf mir, daß mein Saft vertrocknete, wie es im Sommer dürre wird.«* *(Psalm 32, 3.4)*

Hier ist vom »Verschmachten der Gebeine« die Rede und vom »täglichen Klagen«. David findet keine Ruhe mehr. Die seelische Wunde beginnt zu »eitern«. Erste Anzeichen einer »Blutvergiftung« sind zu sehen. Aber Gott läßt es nicht zum Schlimmsten kommen. Schwer legt sich seine Hand auf David. Das Gewissen meldet sich und klagt ihn an, bis er endlich seine »Wunde« Gott zeigt. Nun erfährt er Vergebung und Reinigung. Der Heilungsprozeß beginnt.

Alles aber begann mit dem Sündenbekenntnis.

Die Seelsorge zeigt, daß es vier Wege des Sündenbekenntnisses gibt.

Erstens: Das Bekenntnis nach oder während der Bekehrung zu Jesus Christus. Es ist die »Generalentrümpelung« oder auch das »Aufarbeiten der Vergangenheit«. Alles, was der Geist Gottes im Blick auf das vergangene Leben zeigt, wird ausgesprochen. Dieses Bekenntnis sollte nach Möglichkeit im Beisein eines Seelsorgers geschehen.

Zweitens: Das Sündenbekenntnis im Christsein. Da sind zuerst einmal die kleinen Fehltritte, die ich sofort Jesus Christus bekenne – negative Gedanken, ein vorschnelles Wort u. a. Damit warte ich nicht bis zum Abendgebet oder gar bis zu einem Beichtgespräch. Das sind Dinge, die ich zwischen mir und meinem Herrn sofort kläre. Ich bekenne mein Versagen und nehme im Glauben die Vergebung an.

Drittens: Das Bekenntnis nach einem Rückfall in eine spezielle Sünde, die mein Leben vor meiner Bekehrung besonders prägte. Dieses Bekenntnis sollte ebenfalls vor einem Seelsorger geschehen, denn das sind häufig die schwereren seelischen Verwundungen, die auch in der begleitenden Seelsorge behandelt werden müssen.

Viertens: Das Bekenntnis nach einer Zeit der Lauheit, der Gleichgültigkeit oder des Abfalls vom Glauben. Auch hier sollte der erfahrene Seelsorger Hilfestellung geben. Dabei ist es notwendig, im Seelsorgegespräch den Weg des inneren Glaubensrückgangs Schritt um Schritt zurückzugehen, um den Anfang der falschen Weichenstellung zu entdecken.

Vielleicht haben Sie bisher ängstlich die dunklen Bereiche Ihres Lebens verborgen gehalten. Keiner weiß darum, nicht einmal der Ihnen am nächsten stehende Mensch. Es sind dunkle Geheimnisse, die Ihr Leben mitbestimmen und prägen. Sie wachen am Morgen bedrückt auf. Nachts plagen Sie manchmal bedrängende Träume. Sie sind voller Unruhe. Sie stürzen sich in die Arbeit und dann in das Vergnügen. Sie werden von einer unerklärlichen Angst gequält. Der Friede ist von Ihrem Leben gewichen.

Meine Frage: Könnte das die liebende Hand Gottes sein, der Sie davor bewahren will, daß Sie an der »Blutvergiftgung der Sünde« seelisch zugrundegehen? Könnte das die barmherzige Hand Gottes sein, die Sie zu Jesus hinziehen will, zu dem, der Ihnen vergeben kann? Halten Sie die dunklen Geheimnisse Ihres Lebens, Ihre Sünde nicht länger verborgen; denn Jesus Christus liebt Sie und will Ihnen tiefgreifend helfen. Bedenken Sie: Wer durch Sünde seelisch verwundet ist, hat keine Vollmacht – er ist schwach und unbrauchbar für das Reich Gottes.

Sünden beim Namen nennen

»Ich will dem Herrn meine Übertretungen bekennen,« sagte David.

Sünde muß immer beim Namen genannt werden. Allgemeine Aussagen wie »ich habe eine große Sünde begangen« oder »ich bin an einem Menschen schuldig geworden« oder »ich habe die Gebote Gottes übertreten«, sind kein Sündenbekenntnis. Hier bleibt noch alles nebulös. Häufig ist es nichts anderes als ein Versteckspiel. Man ist nicht bereit, die »Wunde« zu zeigen.

Zu einem bekannten Seelsorger kam eine Frau. Sie betrat das Zimmer mit den Worten: »Ich bin eine große Sünderin.«

Der Seelsorger entgegnete: »Das habe ich sofort gesehen.«

Die Frau blieb daraufhin wie angewurzelt stehen, verfärbte sich und rief dann aufgebracht: »Das ist eine Unverschämtheit, wie Sie mit mir reden. Das verbiete ich mir!«

Der Seelsorger antwortete ruhig: »Nun, Sie haben ja selbst gesagt, daß Sie eine große Sünderin sind.«

Jene Frau versuchte, sich hinter dieser allgemeinen Aussage zu verstecken. Sie wollte besonders demütig erscheinen. Aber ihr Bekenntnis war nur eine fromme Maskerade.

Die Bibel spricht nicht nur von Sünde als einem inhaltsleeren Begriff. Sie nennt die Sünde beim Namen. Ich erinnere an die Offenheit, man könnte beinahe von einer schonungslosen Offenheit sprechen, in der Paulus an die ersten christlichen Gemeinden schrieb:

> *»Überhaupt geht die Rede, daß Unzucht unter euch ist, und zwar eine solche Unzucht, wie es sie nicht einmal unter den Heiden gibt: daß einer die Frau seines Vaters hat.«* *(1. Korinther 5, 1)*

Und dann ermahnt er die Christen mit den Worten:

> *»Oder wißt ihr nicht, daß die Ungerechten das Reich Gottes nicht ererben werden? Laßt euch nicht irreführen! Weder Unzüchtige noch Götzendiener, Ehebrecher, Lustknaben, Knabenschänder, Diebe, Geizige, Trunkenbolde, Lästerer oder Räuber werden das Reich Gottes ererben.«* *(1. Korinther 6, 9.10)*

Viele weitere Aussagen könnten dem hinzugefügt werden. Sie geben Zeugnis davon, daß Sünde konkret benannt werden muß. Wenn es sich um ein erstes Sündenbekenntnis handelt, so empfiehlt es sich, das, was Gottes Geist zeigt, niederzuschreiben. Im Seelsorgegespräch kann es dann Punkt für Punkt genannt werden. Der Bekennende muß nicht ständig neu überlegen, ob auch alles gesagt ist, sondern kann sich mehr auf das Ereignis der Vergebung konzentrieren.

Eine Wunde kann nur dann behandelt werden, wenn der Patient bereit ist, die Wunde zu zeigen. Das gilt auch für alle seelischen Verwundungen.

Die eindeutige Adresse

Während einer missionarischen Woche kam ein 16jähriger zur Aussprache. Es dauerte eine ganze Weile, bis er einige Sätze stockend über seine Lippen brachte. Was er dann aber sagte, erschütterte mich tief. Er sprach von katastrophalen Familienverhältnissen. Sein Vater starb an Alkoholvergiftung. Er wurde von verantwortungslosen Freunden verführt. Schließlich landete er in der Drogenszene. Nach dieser Situationsschilderung stellte er die Frage: »Glauben Sie, daß Gott mich liebt?«

Ich sah in die fragenden, beinahe ängstlichen Augen des Jungen, und da begriff ich, was hinter dieser Frage stand. Er wurde von allen Menschen enttäuscht, ausgenutzt, verführt und betrogen. Darum hatte er sich total eingeigelt. Er hatte sich zurückgezogen und keinem mehr Vertrauen geschenkt. Und nun, bevor er sich noch einmal öffnete und dann auch bereit war, Sünde aus seinem Leben zu bekennen, stellte er die Frage nach der Liebe. Er wollte sich nur dem öffnen, der ihn wirklich liebt. Gab es überhaupt noch einen, der ihm, dem verdorbenen Typ, Liebe entgegenbrachte?

In diesem Augenblick sah ich ganz neu Jesus Christus als den Freund der Ausgestoßenen, den Freund der Sünder. Ich sah ihn, wie er jenen Aussätzigen berührte, während seine Jünger entsetzt zurückwichen. Ich sah ihn, wie er sich zwischen die Ehebrecherin und die wütenden Pharisäer stellte, die schon die Steine bereithielten. Ich hörte ihn sagen: »Wer von euch ohne Sünde ist, der werfe den ersten Stein.« Ich sah Jesus, wie er noch in der Sterbestunde jenem Mörder, der neben ihm hing, seine Schuld abnahm. Ich sah, wie Jesus alle Sünden aller Menschen trug und dann für uns in den Tod ging. Ich sah seine Liebe zu den Verlorenen, zu den Enttäuschten, zu den Heruntergekommenen, und ich spürte geradezu seine Liebe zu dem Jungen, der mir gegenübersaß. Und ich erzählte ihm von dieser Liebe Gottes.

Es ist immer schwer, zuzugeben, daß ich gesündigt habe, und es ist noch schwerer, diese Sünden auszusprechen. Doch wenn ich überzeugt bin, daß Jesus Christus mich wirklich liebt, dann werde ich frei zum Bekenntnis.

Ich darf das aus persönlicher Erfahrung sagen: Jesus Christus behandelt Sie nicht von obenherab mit einer gönnerhaften Gnade. Er spielt keine Trümpfe aus. Er läßt Sie nicht in der Angst hängen. Jesus Christus liebt Sie, und das macht alles leichter.

Der König David sagt:

> *»Ich bekannte dir meine Sünde. Ich will dem Herrn meine Übertretungen bekennen.«* *(Psalm 32, 5)*

Damit ist die Mitte des Schuldbekenntnisses angezeigt. Es richtet sich an den Herrn.

Die Schuld muß dem bekannt werden, der Schuld vergeben kann – und das ist allein Jesus Christus.

Bei einem Schuldbekenntnis geht es nicht um psychologische Gesprächstherapie. Es geht nicht um ein Aussprechen vor Menschen, die die Schuld analysieren und sie dann vielleicht auf die Erziehung, auf Mitmenschen und Lebensumstände verteilen. Das kann nie zur Befreiung führen. Die Erfahrung zeigt, daß das trügerische Hilfen sind, die nur neue und vermehrte Probleme heraufbeschwören.

Im christlichen Schuldbekenntnis steht der Bekennende zu seiner Schuld. Er stimmt dem Urteil Gottes zu, daß er gesündigt hat. Dann aber bringt er seine Sünde zu dem »Sündenträger« Jesus Christus und bittet ihn um Vergebung und Reinigung.

Der Seelsorger ist bei einem Schuldbekenntnis lediglich der helfende Zeuge. Ich verdeutliche das, indem ich am Beginn eines Beichtgespräches die Verheißung Jesu aus Matthäus 18, 20 lese:

> *»Wo zwei oder drei versammelt sind in meinem Namen, da bin ich mitten unter ihnen.«*

Dabei weise ich besonders auf die Aussage »mitten« hin. Ich spreche davon, daß Jesus Christus jetzt wirklich, wenn auch für uns nicht sichtbar, hier ist und daß alles, was jetzt gesprochen wird, vor ihm gesprochen wird.

Nach dem Bekenntnis darf der Seelsorger dem Bekennenden betend zusprechen: »Im Namen Jesu Christi, des gekreuzigten und auferstandenen Sohnes Gottes, sage ich dir: dir sind diese Sünden vergeben.« Wo der Geist Gottes dazu Freiheit schenkt, kann Gebet und Zuspruch der Vergebung unter Handauflegung geschehen. Allerdings sollte dabei die Mahnung des Apostels Paulus beachtet werden:

> *»Die Hände lege niemandem zu bald auf.«* (1. Timotheus 5, 22)

Das alles kann nicht getan werden »kraft eines Amtes«, sondern in der Gegenwart Jesu und in der demütigen Abhängigkeit von ihm. Die Vollmacht zu diesem Dienst wird nicht automatisch durch Ordination oder kirchliche Weihen verliehen, sondern sie wird durch den Heiligen Geist denen geschenkt, die von ganzem Herzen in der Nachfolge Jesu stehen.

Die innere Bereitschaft

David sagt: *»Ich will dem Herrn meine Übertretungen bekennen.«* (Psalm 32, 5b)

Das ist die entscheidende Voraussetzung. Ich muß wirklich wollen. Nur auf diesem Hintergrund kann ein Schuldbekenntnis zur Erfahrung der Vergebung, der Reinigung und der

Befreiung führen. Ich muß eine innere Bereitschaft mitbringen. »Ich will«, sagt David. Er wurde nicht gezwungen, nicht gedrängt, nicht überredet, nicht manipuliert. Er bekannte freiwillig. Gott selbst machte ihn dazu bereit. Ein Schuldbekenntnis kann nicht kirchlich angeordnet oder liturgisch eingeplant werden. Wo das der Fall ist, verflacht es zur bloßen Form. Es ist wirkungslos und beläßt den Menschen in seinem alten Zustand. Es ist bestenfalls eine Art Gewissensberuhigung, aber kein lebensveränderndes Ereignis.

Ein Schuldbekenntnis darf auch nicht erzwungen werden.

Einmal habe ich als Seelsorger diese »heilige Grenze« überschritten. Ein junger Mann war zum Glauben an Jesus Christus gekommen. Noch wenige Wochen zuvor lebte er in der Sexszene einer Großstadt als Strichjunge. Und nun erlebte er eine radikale Veränderung. Nach einigen Begegnungen sprach ich ihn auf ein Schuldbekenntnis hin an. Ich redete lange und eindringlich mit ihm. Ich stellte ihm die Notwendigkeit eines solchen Bekenntnisses vor Augen. Was ich ihm sagte, war nicht falsch, aber daß er dadurch bedrängt wurde, jetzt die Schuld seines vergangenen Lebens offen auf den Tisch zu legen, war falsch. Er war dazu innerlich noch nicht bereit. Es war nicht das Wirken des Heiligen Geistes, sondern das Drängen des Seelsorgers. Das Ergebnis war erschütternd: Nicht Befreiung und Freude, sondern Absonderung und Verhärtung.

Wir sollten uns hier noch einmal vor Augen halten, daß David von Gott selbst zum Bekenntnis seiner Schuld geführt wurde. Gottes Hand berührte ihn, legte sich immer schwerer auf sein Leben und drückte ihn in eine tiefe Depression. Dann kam es zu jenem ergreifenden Schuldbekenntnis und dadurch zur Reinigung seiner inneren Wunde, zur Vergebung und schließlich zum Durchbruch der Freude.

Der Psalm schließt mit den Worten:

»Freut euch des Herrn und seid fröhlich, ihr Gerechten.«

Und er beginnt mit dem Bekenntnis:

»Wohl dem, dem die Übertretungen vergeben sind, dem die Schuld weggenommen ist.«

Sicher erkennen Sie hier den tiefen Zusammenhang zwischen Vollmacht und gereinigter Vergangenheit, zwischen Vollmacht und Sündenvergebung. Seelische Krankheitsherde verhindern unsere Brauchbarkeit im Reich Gottes. Sünde lähmt die geistliche Einsatzfähigkeit. Auch als »Verwundete« können wir noch manches für Gott tun, aber es ist nur unter großer Anstrengung möglich, und es fehlt fast immer die Freudigkeit, die ein Ausdruck der Vollmacht ist.

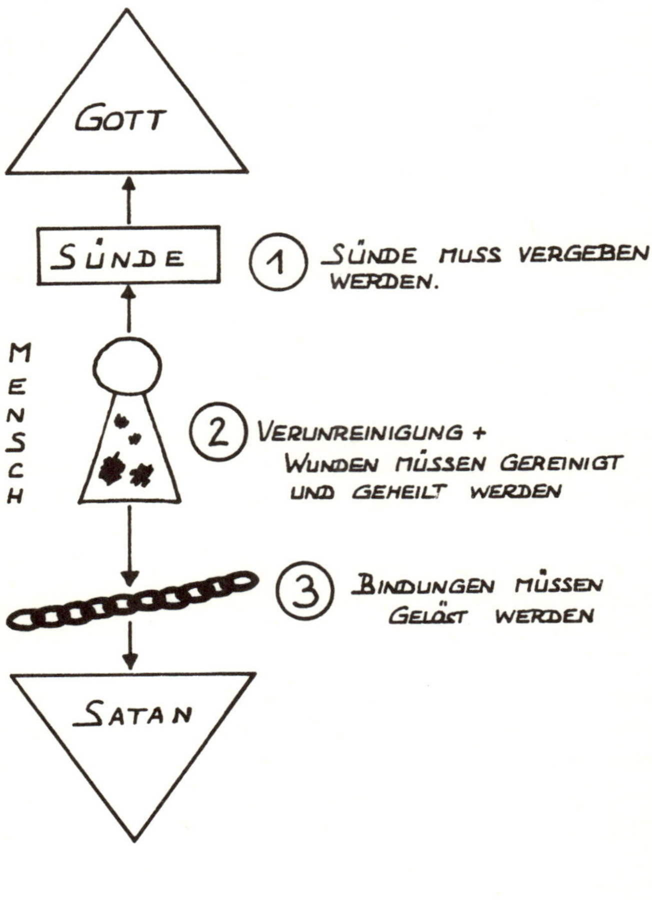

2. *Die Befreiung von Gebundenheiten*

Als Jesus Christus in der Synagoge seiner Heimatstadt die Tora zur Hand nahm, las er aus dem Buch des Propheten Jesaja:

»Der Geist des Herrn ist auf mir, weil er mich gesalbt hat, zu verkündigen das Evangelium den Armen; er hat mich gesandt, zu predigen den Gefangenen, daß sie frei sein sollen. . .«

(Jesaja 61, 1.2)

Nachdem Jesus diesen Text gelesen hatte, sagte er:

»Heute ist dieses Wort der Schrift erfüllt vor euren Ohren.«

(Lukas 4, 21)

Dieses »Heute« ist wie ein unterschriebener Scheck. Es hat göttliche Autorität. Wir können uns darauf verlassen. Jesus hat gesagt, daß Gefangene frei werden sollen. Es gibt entsetzliche Gebundenheiten, Ketten, die Seele und Körper gefesselt halten und den Menschen zu einem Gefangenen machen.

Da ist ein Mann, der sexuell so gefangen ist, daß er Nacht um Nacht durch die Straßen der Großstadt läuft und in erleuchtete Fenster schaut. Er hofft, jemand zu entdecken, der sich gerade entkleidet.

Ein anderer wird nicht frei vom Alkohol. Er hat schon oft die Flaschen zertrümmert, aber immer wieder wird er von dieser Sucht gepackt.

Eine Frau leidet unter Zwangsdenken. Sie muß alle Gegenstände immer wieder zählen. So verbringt sie Stunden vor ihrem Küchenschrank und räumt Teller, Töpfe und Tassen aus und ein.

Ein anderer ist jähzornig. Schon bei Kleinigkeiten gerät er in Wut. Wenn etwas nicht nach seinem Kopf geht, braust er auf. Mit vielen liegt er im Streit. Er fühlt sich dabei selbst nicht wohl. Aber er kann nicht »aus seiner Haut«.

Hunderte von Beispielen könnten aufgezählt werden. Man müßte von Neid, Habgier, Mißtrauen und Eifersucht reden; von Nikotin, Koffein und Drogen; von Homosexualität und lesbischen Beziehungen und Onanie.

Ich habe schon darauf hingewiesen, daß solche seelischen

und körperlichen Bindungen in den seltensten Fällen mit der Wiedergeburt gelöst sind. Dazu bedarf es des lösenden Handelns in der Seelsorge.

Was ist eine Bindung?

Eine Bindung ist eine die Seele oder den Körper oder Seele und Körper zerstörende Angewohnheit, die ich nicht mehr lassen kann und aus der ich mich mit eigener Kraft nicht zu befreien vermag.

Dazu zwei Beispiele: Ich greife das »heiße Eisen« des Rauchens an. Natürlich ist das noch keine Bindung, wenn jemand einmal eine Zigarette oder eine Pfeife raucht. Wenn das aber täglich geschieht, dann führt es zur Bindung. Jetzt stellt sich der Körper darauf ein. Er verlangt danach. Der Mensch fühlt sich unwohl, wenn er kein Nikotin zur Hand hat. Er wird ängstlich und nervös. Das sind klare Zeichen des Gebundenseins. Vielleicht hat er das am Anfang noch unter Kontrolle. Er könnte damit aufhören. Aber irgendwann, unmerklich, kommt die Grenzüberschreitung. Er ist abhängig geworden.

Vor Jahren fragte ich einmal einen jungen Mann, der sich gerade eine Zigarette anzündete: »*Willst* du rauchen, oder *mußt* du rauchen?«

Er sagte zuerst sehr schnell: »Ich will!« Dann überlegte er und gab kleinlaut zu: »Ich muß!«

Oder greifen wir noch einmal das Problemfeld Alkohol auf. Der Apostel Paulus schreibt an seinen jungen Mitarbeiter Timotheus:

> *»Trinke nicht mehr nur Wasser, sondern nimm ein wenig Wein dazu um des Magens willen, und weil du oft krank bist.«*
>
> *(1. Timotheus 5, 23)*

Hier wird deutlich, daß Alkohol nicht grundsätzlich verwerflich ist. Nur zeigen viele notvolle Erfahrungen, wie regelmäßiger Alkoholgenuß zur Bindung führt. Darum schreibt der gleiche Apostel:

»Sauft euch nicht voll Wein, woraus ein unordentliches Wesen folgt.« *(Epheser 5, 18)*

Aus eigener Erfahrung kann ich die Grenzüberschreitung zur Bindung belegen: Vor mehr als 20 Jahren habe ich zum Abendessen gern ein Glas Bier getrunken. Nun fuhren wir wieder einmal zu meiner Schwiegermutter. Nach vierstündiger Autofahrt kamen wir dort am Abend an. Der Abendbrottisch war gedeckt. Wir setzten uns. Aber es war kein Bier im Haus. Das Abendessen schmeckte mir nicht mehr. Plötzlich erschrak ich über meine innere Haltung. Das waren doch schon Anzeichen von Gebundenheit! Ich stand auf, ging ins Wohnzimmer und bat Jesus Christus um Vergebung. Im Gebet legte ich mich fest, zunächst grundsätzlich auf Alkohol zu verzichten.

Es gibt Abhängigkeiten, in die sich der Mensch selbst hineinbegibt. Dazu zählen weithin die oben genannten Gebundenheiten an Alkohol und Nikotin, auch Drogen und viele sexuelle Bindungen. Aber es gibt auch Zwänge, in denen der Mensch von Geburt an steckt. Hier denke ich an Jähzorn, Kleptomanie oder Eifersucht. Diese Bindungen können erbliche Belastungen sein, z. B. Auswirkungen okkulter Belastungen der Vorfahren. Hier muß ein erfahrener Seelsorger zu Rate gezogen werden, wenn es zu einer echten Befreiung kommen soll.

Wer bindet den Menschen?

Bindungen können nicht immer auf der rein menschlichen Ebene gedeutet werden. Was als Bindung sichtbar wird, ist oft nur die Auswirkung einer tiefer liegenden Belastung. Viele Bindungen werden durch Mächte Satans verursacht, die versuchen, den Menschen in ihre Abhängigkeit zu bringen. Ihr erklärtes Ziel ist es, Geist, Seele, Leib und mitmenschliche Beziehungen zu zerstören. Der Apostel Paulus nennt diese Mächte im Epheserbrief beim Namen:

»Zieht an die Waffenrüstung Gottes, damit ihr bestehen könnt gegen die listigen Anläufe des Teufels. Denn wir haben nicht mit

Fleisch und Blut zu kämpfen, sondern mit Mächtigen und Gewaltigen, nämlich mit den Herren der Welt, die in dieser Finsternis herrschen, mit den bösen Geistern unter dem Himmel.« *(Epheser 6, 11.13)*

Diese Feststellung, daß wir nicht mit »Fleisch und Blut« zu kämpfen haben, sollte in der Seelsorge besonders dort beachtet werden, wo es um Bindungen und Belastungen geht. Wer hier lediglich mit psychologischen Methoden arbeitet, kann vielleicht Teilerfolge erzielen, aber keine wirklich tiefgreifende Befreiung. Häufig werden dann Bindungen nur verlagert und treten in einer anderen Form und an einer anderen Stelle erneut auf.

Daß Bindungen und Leidenschaften von dämonischen Mächten verursacht und gesteuert werden, gilt es besonders dort zu beachten, wo der Gebundene sich auf dem Gebiet des Aberglaubens und der Zauberei betätigt hat. Wer damit experimentiert, und sei es nur aus Neugierde oder Unwissenheit, wird vom Satan früher oder später zur Kasse gebeten. Das Zahlungsmittel sind neben Ängsten, Unruhe und Nichtglaubenkönnen eben auch seelische und körperliche Bindungen. Die Evangelien und die Apostelgeschichte liefern hierzu genügend Beispiele.

Ich denke an den besessenen Gerasener (Lukas 8, 26–39), der sich in Grabhöhlen aufhielt, übernatürliche Kräfte entwickelte und »jähzornig« war.

Aufschlußreich ist auch der Bericht über jene Frau, die in Philippi hinter Paulus und Silas herlief und in einer auffälligen, unnatürlichen Weise für die Apostel »Reklame« machte:

»Diese Menschen sind Knechte des allerhöchsten Gottes, die euch den Weg des Heils verkündigen.« *(Apostelgeschichte 16, 17)*

Die Bibel berichtet uns, daß sie einen Wahrsagergeist hatte. Als Paulus dieses fromm getarnte Manöver Satans durchschaute, sprach er zu dem Geist:

»Ich gebiete dir im Namen Jesu Christi, daß du von ihr ausfährst.«

An einem Sabbat begegnet Jesus einer verkrümmten Frau. Es

wird gesagt, daß ein Geist sie 18 Jahre lang so gebunden hielt. Jesus befreite sie, so daß sie wieder aufrecht stehen konnte. Weil Jesus diese Lösung am Sabbat vornahm, ärgerte sich der Vorsteher der Synagoge. Jesus Christus rechtfertigte sein Tun, indem er ein vergleichendes Bild verwendet:

> *»Bindet nicht jeder von euch am Sabbat seinen Ochsen oder seinen Esel von der Krippe los und führt ihn zur Tränke? Sollte dann nicht diese, die doch Abrahams Tochter ist, die der Satan schon achtzehn Jahre gebunden hatte, am Sabbat von dieser Fessel gelöst werden?«* *(Lukas 13, 15.16)*

Zu beachten sind besonders die Begriffe »losbinden«, »gebunden« und »Fessel«. Sie weisen genau auf das hin, was unter einer okkulten Bindung zu verstehen ist.

Wie wird der Mensch frei?

Grundlegend für jede Befreiung ist die Zusage Jesu:

> *»Wenn euch nun der Sohn frei macht, so seid ihr wirklich frei.«* *(Johannes 8, 36)*

> *»Dazu ist erschienen der Sohn Gottes, daß er die Werke des Teufels zerstöre.«* *(1. Johannes 3, 8)*

Allein Jesus Christus, der gekreuzigte und auferstandene Herr, kann gebundene Menschen befreien. Alles, was im Folgenden über das Thema Befreiung gesagt wird, muß unter diesem Gesichtspunkt gesehen werden.

Es gibt keine Methoden, und wären sie noch so biblisch fundiert, die losgelöst von Jesus Christus wirkliche Befreiung bringen. Wer Gebete, gebietende Worte oder irgendwelche andere Methoden einsetzt, ohne mit dem Sohn Gottes zu rechnen und in seinem Auftrag zu handeln, begibt sich auf das Gebiet der Magie. Allein Jesus befreit, nicht aber Gebete oder lautstarke Befehle.

Wichtig für die befreiende Seelsorge ist, daß der Gebundene seine Gebundenheit selbst bekennt und sich dazu stellt. Auch muß die wirkliche Bereitschaft, frei zu werden, vorhanden sein.

Wenn diese Voraussetzungen gegeben sind, wird der Seelsorger nach den Anfängen der Bindung fragen.

– Wurde der Gebundene verführt?

– Hat er sich mit entsprechender Literatur befaßt?

– Hat er sich auf dem okkulten Gebiet betätigt, z. B. sich wahrsagen lassen?

– Gibt es ähnlich gelagerte Bindungen in der näheren Verwandtschaft?

– Was hat er selbst getan, um frei zu werden?

– Ist die Abhängigkeit plötzlich aufgetreten?

– Hatte er in dieser Zeit ein mysteriöses Erlebnis? (Handauflegung, Besuch eines Wunderheilers, usw.)

Durch diese Fragen kann die Vergangenheit aufgedeckt werden, und eine saubere Diagnosestellung ist möglich.

Im Folgenden möchte ich Wege zur Befreiung aufzeigen:

a) Wenn eigenes Verschulden vorliegt, ist die Bitte um Vergebung notwendig.

b) Der Gebundene muß sich im Namen Jesu von der Bindung lossagen und von einem Seelsorger losgesprochen werden. Hier zitiere ich das Wort Jesu:

»Was ihr auf Erden lösen werdet, soll auch im Himmel gelöst sein.« *(Matthäus 18, 18)*

c) Wer verführt wurde, wird sich auch von demjenigen lösen müssen, der verführt hat.

d) Wenn ähnlich gelagerte Fälle im Vorfahrenbereich zu erkennen sind, ist eine Lossprechung von Finsternismächten notwendig, die durch die Vorfahren Macht über den Gebundenen bekommen haben. Auch ein Lossprechen von negativen Erbanlagen ist möglich. Ein Christ muß nicht auf der negativen Schiene seiner Vorfahren sein Leben weiterführen. Im 1. Petrusbrief lesen wir dazu:

»Denn ihr wißt, daß ihr nicht mit vergänglichem Silber oder Gold erlöst seid von eurem nichtigen Wandel nach der Väter Weise, sondern mit dem teuren Blut Christi.«

(1. Petrus 1, 18.19)

e) Wenn in den Bereichen des Aberglaubens, der Zauberei,

des Spiritismus experimentiert wurde, ist es notwendig, sich konkret von allen Praktiken loszusprechen. Eine pauschale Lossprechung ist wirkungslos.

f) Alle Bücher, Filme, Kassetten, Schallplatten, Bilder und Gegenstände, die mit der ausgesprochenen Bindung etwas zu tun haben, müssen vernichtet werden.

In Apostelgeschichte 19 wird eine entsprechende Erfahrung aus der Stadt Ephesus berichtet. Dort versuchten sieben jüdische Exorzisten, einen besessenen Mann zu befreien. Sie sprachen:

> *»Ich beschwöre euch bei dem Jesus, den Paulus predigt.«*

Der satanische Geist aber antwortete:

> *»Jesus kenne ich wohl, und von Paulus weiß ich auch; aber wer seid ihr?«*

Danach warf sich der Besessene auf die falschen Exorzisten, riß ihnen die Kleider vom Leib, verprügelte sie und warf sie aus dem Haus. Dieses Ereignis wurde zum Stadtgespräch. Auch die Christen hörten davon. Erst dadurch wurde ihnen vermutlich die ganze Realität und Gefahr dieser dunklen Mächte voll bewußt. Manche von ihnen hatten früher Zauberei getrieben und waren im Netz des Aberglaubens gefangen gewesen. Als sie Jesus annahmen, hatten sie sich klar von diesen Praktiken distanziert. Aber in ihren »Bücherregalen« lagen noch die »wertvollen« Zauberbücher. Die Bibel berichtet nun:

> *»Viele aber, die Zauberei getrieben hatten, brachten die Bücher zusammen und verbrannten sie öffentlich und berechneten, was sie wert waren und kamen auf fünfzigtausend Silbergroschen.«*

In unsere heutige Währung umgerechnet waren das ca. 100 000 DM. Ein sehr hoher Betrag. Man fragt sich unwillkürlich, ob das Vernichten solcher teurer Schriftrollen wirklich notwendig war. Ich denke, daß der folgende Vers dieses Berichtes die Antwort gibt:

> *»So breitete sich das Wort aus durch die Kraft des Herrn und wurde mächtig.«*

Der Zusammenhang zwischen dem Aussprechen der Schuld:

»Es kamen auch viele von denen, die gläubig geworden waren, und bekannten und verkündigten, was sie getan hatten.«

und der »literarischen Entrümpelungsaktion«:

». . .brachten die Bücher zusammen und verbrannten sie öffentlich.«

und danach eines kraftvollen Durchbruchs des Evangeliums ist doch unverkennbar.

Wir können diesen biblischen Bericht nicht ernst genug nehmen. Wer an dieser Stelle leichtfertig und oberflächlich ist, kann von Christus nicht so gebraucht werden, wie es dem Plan Gottes entspricht.

Prüfen Sie bitte auch an dieser Stelle Ihr Leben und Ihren Besitz und bekennen und entfernen Sie alles, was in den Bereich des Aberglaubens und der Zauberei gehört.

Vor Jahren kam bei einer Evangelisation ein Ehepaar zum Glauben an Jesus Christus. Beide waren führend in einer okkult ausgerichteten Sekte tätig. Nach der Glaubensentscheidung trennten sie sich von jener Religionsgemeinschaft. In der Seelsorge wurde besonders dieser Punkt gewissenhaft aufgearbeitet. Trotzdem gab es bei diesem Ehepaar kein geistliches Wachstum. Krisen und enorme Glaubensschwankungen belasteten das Christsein. Eines Tages besuchte der Seelsorger jenes Ehepaar. Als er sich im Wohnzimmer mit ihnen unterhielt, fiel sein Blick auf viele in Leder eingebundene Bücher, die in der Schrankwand standen. Im Laufe des Gesprächs stellte sich heraus, daß die meisten Bücher von jener okkulten Religionsgemeinschaft handelten. Nach einem gründlichen Aufklärungsgespräch und unter Hinweis auf Apostelgeschichte 19 war das Ehepaar bereit, die Bücher zu vernichten. Diese konsequente Handlung brachte eine wunderbare Befreiung. Das geistliche Leben stabilisierte sich. Ich habe junge Menschen kennengelernt, die ihre okkulten Schallplatten und Kassetten wegwarfen und ähnliches erlebten. Sie wurden zu brauchbaren Mitarbeitern. Andere gaben mir ihre Amulette und ihre zum Teil von Priestern geweihten Kreuze und andere religiös-abergläubischen Gegenstände. Sie erfuhren dadurch in ihrem Glaubensleben einen neuen Durchbruch. Ich kann nicht erklären, warum die Auswirkung einer solchen inneren und äußeren Lösungsaktion so gewaltig ist. Aber ich kann bezeugen, daß es dadurch in vielen Fällen erst zu einem vollmächtigen Christsein kam. Vollmacht durch Befreiung!

Neue Hingabe

Jede Lösung und Befreiung muß zur Hingabe oder zur erneuten Hingabe an Jesus Christus führen. Die »freigewordenen Räume« im Menschen dürfen nicht leer bleiben. Gottes Heiliger Geist muß darüber das Verfügungsrecht bekommen. Wenn das nicht geschieht, kann und wird der Befreite erneut und häufig noch stärker in die Bindung zurückfallen. Diese Tatsache schildert Jesus Christus:

> *»Wenn der unreine Geist von einem Menschen ausgefahren ist, so durchstreift er dürre Stätten, sucht Ruhe und findet sie nicht; dann spricht er: Ich will wieder zurückkehren in mein Haus, aus dem ich fortgegangen bin. Und wenn er kommt, so findet er's gekehrt und geschmückt. Dann geht er hin und nimmt sieben andre Geister mit sich, die böser sind als er selber; und wenn sie hineinkommen, wohnen sie darin, und es wird mit diesem Menschen hernach ärger als zuvor.«* *(Lukas 11, 24–26)*

Ich möchte Sie besonders auf zwei Aussagen aufmerksam machen. Zuerst: Der unreine Geist findet das Innere des Menschen »gekehrt und geschmückt«, aber es ist nicht mit dem Geist Gottes, nicht mit Jesus Christus »gefüllt«. Es ist ein leeres »Haus«, in dem er leicht wieder einziehen kann. Dieser Mensch hat nach seiner Befreiung sein Leben nicht Jesus Christus übereignet.

Und dann sagt Jesus, daß es mit diesem Menschen danach »ärger als zuvor« wird.

Bei einem jungen Mann habe ich das einmal in erschreckender Weise erlebt. Er war in einem spiritistischen Zirkel als Medium gebraucht worden und erlebte von dieser Nacht an unheimliche dämonische Angriffe. Das brachte ihn in die Seelsorge. Nach einigen Gesprächen, bei denen auch wir die Angriffe der Dämonen miterlebten, wurde der junge Mann von Jesus Christus befreit. Daraufhin bat ich ihn, sich jetzt völlig Jesus Christus anzuvertrauen und ihm alle Lebensbereiche zu übereignen. Dazu war er nicht bereit. Ich sprach mit ihm darüber eindringlich und warnte ihn auch auf Grund der Aussage Jesu von Lukas 11 vor den Folgen. Es ging nur einige Tage gut, dann kehrten eines Nachts die bedrängenden Mächte zurück und nahmen so von seinem Leben Besitz, daß er in eine psychiatrische Klinik eingeliefert werden mußte.

»Es wird mit diesem Menschen hernach ärger als zuvor«, sagt Jesus. Wir sollten diese Aussage sehr ernst nehmen und sie uns immer vor Augen halten, wenn ein Gebundener durch Jesus Christus frei wird. Mit Nachdruck müssen wir darauf hinweisen, daß eine Befreiung nur dann wirklich von Dauer ist, wenn Jesus Christus Herr des Lebens wird.

Die Nachsorge

An dieser Stelle könnte auch von begleitender Seelsorge gesprochen werden.

Wie ein Verunglückter bis zur Heilung in der Behandlung des Arztes bleibt, so braucht auch ein seelisch Verunglückter die Hilfe des Seelsorgers. Dieser begleitet im Auftrag Jesu den Kranken und beobachtet den Heilungsprozeß. Im Rückblick auf diesen Dienst der Seelsorge sagt der Apostel Paulus den Christen in Ephesus:

> *»Denkt daran, daß ich drei Jahre lang Tag und Nacht nicht abgelassen habe, einen jeden unter Tränen zu ermahnen.«*
>
> *(Apostelgeschichte 20, 31)*

Diese begleitende Seelsorge ist besonders bei Menschen notwendig, die von Bindungen befreit wurden. Sie benötigen das seelsorgliche Gespräch, das gemeinsame Bibelstudium, das Miteinander-Beten und gelegentlich die Segnung unter Handauflegung. Sie brauchen die liebevolle, aber straffe Führung, bis der Heilungsprozeß abgeschlossen ist.

Nach einem Vortrag zu diesem Thema meldete sich ein Mann zu Wort. Er konnte seine Erregung nicht ganz verbergen: »Ist es nicht ein Vertrauensbruch Gott gegenüber, wenn ich Sünden oder Bindungen vor einem Menschen bekenne? Ich bin der Überzeugung, daß man das alles mit Gott persönlich abmachen kann.«

Eine solche Haltung wird von vielen »Einzelgängerchristen« vertreten. Sie ignorieren das biblische Bild vom Leib und von den Gliedern, die füreinander dasein und einander dienen sollen. »Bekenne einer dem anderen seine Sünden«, sagt Jakobus. Dazu gehört auch der Dienst des »Hirten«, des Seelsorgers, der eben an dieser Stelle seine besondere Gabe zum Einsatz bringt.

»Entscheidende erste Schritte« – sie sollten ernst genommen werden; denn auch davon hängt unsere Vollmacht im Reich Gottes ab. Was hier versäumt wurde, kann nachgeholt werden. Es ist wunderbar, daß es für Jesus Christus keine »hoffnungslosen Fälle« gibt. Keiner muß gefesselt und mit unheilbaren seelischen Wunden als Christ am Boden liegenbleiben. Das Blut Jesu Christi und der Geist Gottes sind die »göttliche Medizin«.

Ihm geweiht leben

Ist es deutlich geworden, daß Vollmacht keine Sache ist, die wir sozusagen ein für allemal in der Tasche haben? Vollmacht ist überhaupt keine Sache, sondern ein sich ständig neu vollziehendes Ereignis in einem »Jesus geweihten Leben«. Es ist ein Lebensstil, eine Lebenshaltung, eine Lebenseinstellung. Und das alles wird jeden Tag neu entschieden.

Grundsätzlich gehöre ich Jesus Christus vom Tag meiner Wiedergeburt an, aber ob das heute »bare Münze« wird, durchdringt und Gestalt gewinnt, muß heute von mir entschieden werden. Darum scheint mir der Start in den Tag eines der entscheidenden Ereignisse des Christseins zu sein – besonders, wenn es um die Frage nach der Vollmacht geht.

An dieser Stelle möchte ich aus meinem Leben berichten: Gewöhnlich beginne ich den Tag, indem ich mich zuerst vor Jesus Christus niederknie und ihm mein Leben neu weihe. Ich spreche die einzelnen Bereiche an, z. B. meinen Körper, Hände und Füße, Augen und Mund, und bitte ihn, alles heute zu seiner Ehre zu gebrauchen. Ich weihe ihm meine Seele – mein Denken, daß es von seinem Wort geprägt wird; meine Gefühle, daß sie unter seiner Kontrolle bleiben; meinen Willen, daß er sich ihm unterstellt und mit seinem Willen harmoniert. Ich öffne ihm meinen Geist und bringe meine Sehnsucht zum Ausdruck, von seinem Geist ganz erfüllt zu sein. Ich sage Jesus Christus, daß ich ihm heute bedingungslos zur Verfügung stehen möchte und daß er mit mir machen kann, was er will.

Diese Weihe in den ersten Augenblicken des neuen Tages bewahrt mich vor dem Streß, fromme Leistungen vollbringen zu müssen. Sie führt in einen tiefen Frieden. Ich werde neu gewiß, daß Jesus einen vollkommenen Plan für diesen Tag meines Lebens hat. Freude bricht auf, Dankbarkeit und Lobpreis. Jesus ist Herr, und er ist mein Herr! Er verantwortet das Geschehen dieses Tages.

Vollmacht heißt ausgetauschtes Leben. Unübertroffen hat es der Apostel Paulus in einem Bekenntnis zusammengefaßt:

»Ich lebe, doch nun nicht ich, sondern Christus lebt in mir.«

(Galater 2, 20)

Das ist das tiefste Geheimnis der Vollmacht.